「主婦」という
生き方と
新宗教の家族観

女性の自立をはばむもの

INOUE Setuko
いのうえせつこ

花伝社

女性の自立をはばむもの——「主婦」という生き方と新宗教の家族観◆目次

第三章　現代を生きる女性の貧困

第四章　新宗教の家族観と八〇年代の「主婦」たち

はじめに

本書のテーマは「女性の自立」である。

これは私の取材人生を通してのテーマとなってきたが、その根源にあるのは母の存在と、父の愛人たちとの出会いだった。

私の母は生まれてすぐの私を義母に取り上げられ、夫に複数の愛人がいることを知りながらも離婚を選択することはなかった。その代わり私には「あなただけでも経済的自立を」と言って聞かせ、大学進学や物書きとしての仕事をいつも支えてくれた。

女性の社会的地位が低く、経済的格差も大きかった戦前から敗戦後の当時、既婚男性に「お妾さん」と呼ばれる女性がいることは珍しくなく、私の父にもそうした女性たちがいた。私が彼女たちに会ってみたいと思ったのは、両親が亡くなった後、一九八〇年代の半ばのことだった。日本が「女子差別撤廃条例」を批准、同年に男女雇用機会均等法も制定され、選択的夫婦別姓を求める声も高まった当時、「新しい生き方を希求する女性たち」として彼女たちに会いたいと思った。

本書も、彼女たちを訪ね歩いた旅の記録から始めたいと思う。

本書で「女性の自立」を取り上げるにあたって、私の生い立ちとあわせてもう一つの軸となるのが、「新宗教」だ。

二〇二二年七月、奈良市で演説中の安倍元首相が銃で撃たれて殺害された事件は、「旧統一協会」と政治家との関係を暴露し、かつて世間を賑わせた新宗教が、この国の中枢にひっそりと根を這わせ続けていたことを明らかにした。

私が新宗教と出会ったのは一九八七年、首都圏郊外の街から統一地方選に立候補した時のことだった。私の選挙を後押ししてくれたのは、市民運動やPTA活動のなかで知り合った女性たちで、その多くは専業主婦だった。そのうちの数人に、「朝起会（あさおきかい）」と呼ばれる実践倫理宏正会の集会へ連れて行かれたのである。

まだ街が寝静まっている時間だった。参加者（その多くが主婦たち）は三々五々と無言で集まり、正面に飾られた日の丸の旗の前で正座している。早朝にもかかわらず、女性たちは薄化粧をして全員がスカート姿だった。

開会のベルが鳴ると、集まった人々は次々と日の丸の下に立ち、三分間ほどの短いスピーチを行う。私が驚いたのは、そのスピーチの内容だった。「主人を立てるようにしたら、子どもたちがすくすく育った」とか、「お姑さんを大切にしたら家庭円満になった」といった、家父長制的家制度の倫理観そのものだったのだ。

私の選挙が約四〇〇〇票の得票数で見事に落選！ となったのを機に、私は『状況と主体』（谷沢書房）に連載すべく、実践倫理宏正会をはじめ、倫理研究所、ものみの塔、新宗教の元祖といわれる本門佛立宗や生長の家、世界基督教統一神霊協会（「旧統一協会」）、崇教眞光、大山ねずの命神示教会などを取材して歩いた。そのなかで知ることになったのが、新宗教の教義に「男尊女卑」の思想が共通していることだった。それはさながら、戦前の明治民法が女性差別規定を設けることで強固なものとした「家制度」を称賛するような教えだった。

知らなかったでは済まされぬと当時書き上げたのが、『主婦を魅する新宗教』（谷沢書房、一九八八年）と『結婚が変わる』（谷沢書房、一九九〇年）だった。

今回この本を執筆するにあたって、私は約三五年ぶりに地元の「朝起会」に参加した。そこに広がっていたのは、驚くほど当時と変わらない光景だった。女性信者たちはスカート姿で集い、旧来的な家族観に基づいたスピーチを行った。違いといえば、参加者の高齢化くらいだろうか。この間の時代の変化にもかかわらず、新宗教の現場はほとんど変わっていなかったということだ。

そこで見過ごせないのが、新宗教と政治の関係である。

政治家に「票」を供給する新宗教が政治に与えてきた影響は計り知れない。二〇二三年四月に設置された「こども家庭庁」は、昨年の閣議決定前に自民党の保守系議員から「子どもは家庭でお母さんが育てるもの」といった意見が出たことを受けて、当初案の「こども庁」から名称が変更された。その背後に、「家庭教育」を重視する「旧統一協会」の関連団体の動きがあったことが知られている。選挙時、「旧統一協会」関連団体は、自民党議員に対して「家庭教育支援法制定」への賛同が明記された確認書への署名を求めていたのだ。[1]

こうした新宗教の「家庭観」と政治の結びつきは、世界で唯一[2]「夫婦同姓」が強制さ

1　二〇二二年一一八日付『朝日新聞』「こども〝家庭〟庁は旧統一教会の影響？　松野官房長官は会見で問われ」。
2　二〇二〇年一一月、上川陽子法相（当時）は、参議院予算委員会で「夫婦の同氏制を採用している国は、我が国以外には承知しておりません」と答弁した。

れるこの国にどれほど影響を及ぼしてきたのだろう。あるいは、「同性婚」が認められていないのも、先進国のなかでは日本だけである。

日本が「女子差別撤廃条例」を批准してから約四〇年。当時「前進している」と思われた日本のジェンダー平等は、二〇二三年現在「ジェンダーギャップ指数一四六か国中一一六位」の惨状だ。

主婦たちが「新宗教」に魅了された八〇年代から現在に至るまで、この国の「女性の自立」をめぐって何が起きたのか。また、新宗教の家族観はそこにどのように影響を及ぼしてきたのか。母の切なる願いを原点として検証していきたい。

第一章　父の「お妾さん」をめぐる旅

母の願いと私の「自立」

私が生まれたのは一九三九年四月。両親にとっては初めての子どもで、母は二〇歳、父は二五歳だった。

家族は、開業医をしている祖父と父に、祖母と母と私の五人。その他には複数のお手伝いさんたち。典型的な戦前の中流家庭だった。

一八九〇年（明治二三年）生まれの祖母は、父親に「これからの時代の女性」を期待されて女子高等師範学校を卒業。結婚後も長く教職に就き、いわゆる姉家督として一家の采配を振るっていた。

その祖母が私を母から引き離したのは、実家での出産を終えた母がお宮参りに間に合うようにと戻った時だった。祖母は、赤ん坊の私を見て、

「あら、女の子って可愛いわね。私は女の子を育てたことがないから、この子をちょうだい」

と言って、母が呆然としているうちに私を自分の手元に置いてしまった。そして、忙

しい自分には面倒が見られないからと、チヨさんという子守が雇われた。

私が成人後のことだが、母はこんなことを言っていた。

「あなたと会えるのはおっぱいの時間だけだったので、一度飲ませた後でお腹を押してお乳を吐き出させては、チヨさんに着替えを持って来てと言って、裸のあなたを抱きしめたのよ」

その後、私の下には弟と妹が生まれたが、祖母はやはり私だけを溺愛した。

中学生の頃、母に「どうして私を手放したのか。どうして私を連れて家を出なかったのか」と聞いたことがあった。母は泣いて謝った。

「家庭の和を保つには仕方がなかった。私にはあなたと二人、生活できるだけの経済的自立もかなわなかった。だからせめて、あなたには自分一人で生活していけるように自立してほしい。お母さんはそれを応援するから」

明治民法が規定した家制度に縛られた小さな家のなかで、一家の「嫁」である母に自己決定権はなかった。女性には選挙権[1]も財産権[2]もなかった時代である。

明治政府は女子の高等教育機関を設置し、良妻賢母思想を教え込んだ。そもそも「家」制度は旧武士層の「家」の観念・慣習を大幅に取り入れたものであるが[3]、江戸時代の儒教的家族観が「女は性悪しく、生来愚か」としたのに対し、明治政府は「家」を守り、内助の功を発揮する「良妻賢母」を称えることで、両性の平等を認める西欧近代社会の家族観を持ち込んだとされる[4]。

私の母も高等女学校を卒業している。そして、大阪の美術専門学校に在学中、実家の両親から「帰宅するように」との手紙を受け取り、そのまま父と見合いをさせられて結婚した。当時は珍しいことではなかった。母は一九歳で結婚し、翌年に私が生まれたこ

1　日本で女性が選挙権（投票権）を初めて獲得したのは一九四五年。同年一二月に制定された新選挙法によって、女性を含む満二〇歳以上（当時）のすべての国民に選挙権が与えられた。
2　明治民法においての財産相続規定では、被相続人（夫）が亡くなった場合には、まず直系の卑属（子、次に孫）が第一位の相続人となり、直系の卑属がいなかった場合にはじめて配偶者（妻）が相続できた。
3　川島武宣『日本社会の家族的構成』岩波現代文庫、二〇〇〇年。
4　井桁碧「主婦の祀る先祖――従属する主体」脇本平也・柳川啓一編『現代宗教学4』東京大学出版会、一九九二年。

とになる。

父に「お妾さん」がいることは、結婚後に知ったという。それは、家族公認の存在だった。中流以上の家庭で妻以外にお妾さんがいることもまた、珍しいことではなかった。母は驚いたそうだが、それを理由に離縁することは許されない時代だった。

そんな母が私の「自立」を最初に応援してくれたのは、大学受験の時だった。私が高校生になった頃から、祖母と両親の間で、私の進学先をめぐって度々諍いが起きるようになったのだ。祖母は私を、父が卒業した東京の大学へと進学させたがった。

結局私は、祖母の希望ではない大学へ進学した。

「自分の道は自分で決めろ」という当時の担任の教師からの言葉もあった。両親はその進路決定をひそかに応援し、母は大学受験にも同伴して、大学の女子寮で暮らす準備も整えてくれた。

それまで、生活のすべてを祖母の庇護に預けていた私にとって、女子寮での暮らしは初めてのことばかりだった。最初の夜には同級生に「まだ寝ないの」と聞かれて、

「お布団を敷いてくれる人がまだ来ないの」

と答えて驚かせたこともある。そこでようやく、布団の敷き方を教わった。また、洗

濯物はすべてクリーニング屋に出せばいいと母に言われていたのでその通りにしたところ、クリーニング屋でも「下着まで持ってきたのはあなたが初めて」だと驚かれた。

大学卒業後、そうした別世界での生活を終えた私を待ち構えていたのは、「結婚は私が決めます」という祖母の宣言だった。

これはその通りになり、母親が祖母の教え子だったという男性との婚約が決まった。母は、

「結婚は生活だから。相手の方は優しそうだし、好きなことができるかもしれない」

と言って、「浮気もできそうだし」と付け加えた。

家庭裁判所の家事調停委員をしていた祖母は、私の結婚生活についての「誓約書」まで作った。私には家事を一切させない、させるようなことがあれば直ちに離縁、というようなものだった。「家事をさせるために（私を）育てたのではない」というのが理由だった。

私も祖母に言われて、「結婚契約書」をつくった。

第一条は、「お互いの思想信条の自由を尊重し、干渉しない」というものだった。実際、その通りの暮らしぶりとなった。私は服飾関係のデザイナー養成学校に入学し、夫

の両親が用意した神戸の一軒家で新生活を送った。授業がない日は映画館や美術館に通い、時には学生時代の友人の下宿に泊まりに行くこともあった。結婚に際して一〇〇万円（現在ではどれほどの価値だろうか……）の持参金があったので、お金の不自由もなかった。

夫は毎朝、庭に洗濯物を干してから出勤した。それでも、私が掃除をしたというようなことを漏らすと、祖母は「話が違う」と私を実家に連れ戻した。六歳年上の夫はその度に、詫びて私を連れ戻しに来た。

当時、私の母はやはり「一人でも食べていける経済的自立を」と私に言って聞かせ、それが私の課題となった。

母は「なんでも協力する」と言ってくれるが、どうすればいいのか。私にできることといえば、文章を書くことくらいだった。小学生の頃から少女雑誌に投稿しては賞金や商品をもらい、学校のコンクールでも入賞したことはあったが、それが経済的自立に繋がるのかわからなかった。

それでも、関西の有名な同人誌の懸賞付き文学賞に評論を投稿してみたところ、佳作の知らせをもらった。それからは、『小説新潮』や『オール読物』への投稿で、わずかな金銭を得るようになった。

このことを母に話すと、「その道に進んだほうがいい」と言って励ましてくれた。私が取材に行くという時には実家からタクシーで駆けつけて、子どもの面倒を見てくれた。母自身、女学校時代から俳句や短歌が得意で、子育て後には新聞の短歌欄に掲載されるほどになっていたからかもしれない。私の文章が雑誌に載ると、いつも喜んでくれた。

母は私の三人の娘たちにも、家を出て結婚してからも仕事をもって経済的自立をしなさいと薦めた（その通りになっているのは母のおかげだ）。

そんな母も、父が亡くなってから二〇年後、六五歳の時に心筋梗塞で急逝した。

戦後の憲法改正によって男女同権が認められた後も、母は「家」に尽くし続けた。母の世代としては平均的な生き方だと言えるだろう。だが、まもなく戦後八〇年になろうというこの国で生きる女性たちは、果たして「家」から逃れられたのだろうか。

旅のはじまり

あらかじめ、私は配偶者以外に愛人をもつことを肯定しているのではないと断りを入れておきたい。だが繰り返すが、当時の男性が「お妾さん」といわれる女性をもつことは反社会的なことではなかった。

「妾」は一八七一年、新律綱領において「妻」と同じく「夫」の二等親としてその身分を定められ、一八八〇年に新律綱領に代わる刑法が成立した際に、法制上その身分は廃止された。

その後、一八九八年の明治民法において一夫一婦の婚姻制度が確立されたが、近代日本はその当初、「妾」を婚姻制度の内部に組み込んだ「一夫多妻」の婚姻原理を有していた。[5] たとえば近代日本の「妾」研究を専門とする石島（二〇一八）は、「制度から消えても、文化的側面では『妾』を置く慣習がすぐになくなるわけではなかった。近代社会はその後も「妾」なるものの存在を共有した」という。

石島は、「『妾』は、近代化後すぐに廃止され制度上は存在しないと見倣されたこと、近代における一夫一婦概念の成立過程でその存在は人びとに暗黙裡に認識されることは

5　石島亜由美「近代日本における『妾』に関する新聞記事のジェンダー分析」『女性学』25（0）、六三―八一頁、二〇一八年。

あっても、廃娼運動における『娼妓』のようにその存在の是非を問うような大きな社会運動にもならなかったこと、また半世紀に及ぶ女性学研究領域において注目される概念ではなかったこと」などを理由に、「その存在にアプローチすべき資料それ自体が不安定で不十分である」と述べている。[6]

こうした観点からも、私と父の愛人たちとのやり取りの記録には価値があるだろうと、ここに記しておく。

私の記憶では、たしかに父には「妾宅」と呼ばれる別宅に「お妾さん」と呼ばれる愛人がいた。幼い頃には、私も父親に抱かれて自宅から五分ほどの妾宅に連れて行かれたこともある。三人で食事をしながら、おしゃべりをした。

終戦間際の一九四五年七月、自宅も妾宅も連合軍の爆撃で焼失した。私が六歳の頃である。私は祖父母と一緒に焼け残った親戚の家に間借りし、父の愛人にも祖母が親戚の家の近くに住む場所を用意した。父は仕事帰りに愛人を訪ねる生活だった。私の記憶に

6　同、注5。

ある「お妾さん」はそれだけだった。

父は五〇歳の時、脳梗塞で亡くなった。母が急逝したのはその二〇年後、一九八〇年代半ばのことだった。

当時、転勤族の夫と暮らしていた私は三人の娘たちからも手が離れ、子どもを守る運動や女性運動をしながら、学習塾の講師やフリーライターの仕事をしていた。

二〇代から三〇代までの男女の人口比に著しく差があることから、「男の結婚難」と言われた時代だった。一九八七年の総理府の調査（「女性に関する世論調査」）によれば、女性一〇人のうち四人が「一人立ちできれば結婚しなくてよい」と回答しており、総務省「国勢調査」においても、未婚率は一九八〇年代後半から上昇を始める。

この明らかな時代の変化に際して、私は、かつて制度の外側で「お妾さん」として生き延びた父の「愛人」たちに会いたいと思うようになった。

父が亡くなってから二〇年以上が経過していたが、父の悪友たちに聞いたところ、妾宅にいた愛人以外にも女性がいたと判明した。芸者さんを身請けしたという方が二人、料亭の「お帳場さん」だった方が一人、駅前のバーでママをやっていたという方が一人。

そういえば、大学生の頃に父に連れられて行ったバーでは、「ここではお父さんのツケで飲んでいいよ」と言われ、一人でも二、三度飲みに行ったことがある。バーのママに父との関係を聞くと、「あら、幼馴染よ」と笑ってごまかされた記憶がある。

こうして全部で四人の愛人の存在が明らかになったわけだが、まずは私が幼い頃に何度も会っている、妾宅にいた彼女に会いに行くことにした。

女性の魅力は顔や体じゃない

その日は、暑い八月半ばの日だった。

当時の近鉄養老線（現在は養老鉄道養老線）で、岐阜の大垣駅から三重県の四日市まで向かった。電車の窓からは、もうすぐ刈り入れが始まる一面の黄金色の田んぼが見えた。線路がカーブする箇所、片側の低い崖には赤い実をつけた蔦が這っていた。そうした光景は、今でも目に焼き付いている。養老の滝で有名な養老駅を後に、電車は戦時中、第二海軍燃料廠[7]があった四日市へと走った。

父の友人からは、「四日市駅前の正面ビルの三階の食堂街の入り口に行けば、彼女が待っている」と言われただけで、私は彼女の名前すら知らなかった。

電車の中では会ったら何を聞こうかと考えた。

「父との生活で、一番に楽しかったことは」

「なぜ、父と別れたのか」

彼女と父は、私が中学二年生の時に別れたはずだ。それはなぜか。私が一四歳だった時のある朝、私が寝ている布団に父が入ってきて、背中を愛しそうに撫ぜたのである。その手は、まるで愛しい人に去られたかのような悲哀に満ちていると感じられたのである。

駅ビルの三階にある食堂街の入口で、その人はたしかに私を待っていてくれた。

7　かつて三重県四日市市塩浜にあった大日本帝国海軍の海軍工廠。海軍の液体燃料、潤滑油の需要の大部分を生産を担った。一九四四年、東南海地震が発生し甚大な被害を受ける。一九四五年の四日市空襲ではアメリカ軍の重要攻撃目標とされ燃料廠としての機能が著しく低下した。

「セッコちゃんでしょ」

「はい」

答えた瞬間、私は幼い自分に戻っていた。

私たちは、彼女が予約してくれていた日本料理店のテーブルに向かい合って座った。彼女はたしか私の母と同い年だから、当時六〇代半ば。涼し気なワンピースを着て、薄い色のサングラスをかけていた。美人というほど目を惹く容姿をしているわけではないが、どこか知的な雰囲気の女性だった。最近、軽い糖尿病からくる白内障の手術をしたばかりだと言う。私が、母も糖尿病からくる心筋梗塞だったみたいだと話すと、「いいお母さんでしたのにね」と、母の急逝を悔やんでくれた。

私は単刀直入に、なぜ父と別れたのかを聞いた。

「四日市で鉄工所をやっている弟が、『姉さん、帰ってこいよ』と誘ってくれたものだから。私は日本舞踏の名取[8]のお免状もいただいていたから、こっちで日本舞踊を教え

8　家元から一定水準の技量があることを認められ、流派の名前を名乗ることを許された人のこと。名取になるには「名取試験」を受けて合格する必要がある。

ればなんとか食べていけるんじゃないかと。今は子どもも含めたお弟子さんが沢山できて、何とかやっていますよ。これもお父さんのおかげです。本当に感謝していますよ」

そういえば、彼女の踊りの発表会が名古屋であるからと父に連れられて観に行った記憶がある。「父と別れたのは私が中学生の頃ですよね」と聞くと、

「そうよ。あなたが中学生の頃だったわ」

やっぱり。

だから父は、私の背中を撫でたのだ。

父との一番楽しかった思い出を聞くと、

「そりゃ、戦争中にあなたのお母さんがお子さんたちを連れて実家へ疎開されていた頃ですよ」

父は長男で開業医だったこともあって、戦争には行かず、空襲の際には警防団で活躍をしていたのだった。

「お城が燃えた大空襲の夜、[9]お父さんが私の名前を大きな声で呼びながら私のいる防空壕まで来てくださったのはうれしかったわ」

そして彼女は、「女性の魅力は顔や体（セックス）じゃないのよ」と言った。

「どんな美人でも三日で飽きると言うでしょ。体も同じよ。お父さんとは、新聞や雑誌、それに読んだ本の話をよくしたの。本の感想を話していたら話が尽きなくて、二人で夜の街を歩いたの。お父さんが自転車を押して。今でも忘れないわ」

どんなものを読んでいたのですかと聞くと、『婦人公論』と『風と共に去りぬ』を挙げた。そういえば、父の診療室にあった書類に『風と共に去りぬ』が隠れるように挟まれているのを、こっそりと私の勉強部屋に持って行って読んだ覚えがある。

ともかく、彼女は日本舞踊の資格を取ったことで経済的な自立を手にし、また父との日々において知性を獲得したのだろう。女性の魅力は顔や体じゃないと言い切った彼女

9　一九四五年七月九日の岐阜空襲のこと。死者約九〇〇人、罹災者約一〇万人（当時の岐阜市人口は約一五万人）、全半壊家屋は全市の半数に及ぶ二万戸。岐阜市中心部はほぼ焼け野原となった。岐阜市『岐阜市史　通史編　近代』一九八一年。

の話は、私のその後の人生にも影響を与え続けているように思う。

帰り際、彼女は私にお土産を手渡しながらこんなことを言った。

「セッコちゃん、あなたが結婚する時に贈った西陣織の帯があるでしょ。あれは私がみんなに声をかけて、京都の家元に注文して織っていただいたの。大事にしてね」

橙色の地に金色の唐草模様が織り込んである袋帯は、半世紀以上経った今も、正装する際には締めている。

その晩は、なかなか寝つかれぬ布団のなかで、「みんな」とは一体誰なのかと考えた。

「妾」に活字を与えていた父

次に会ったのは、料亭の「お帳場さん」だった。

暑い夏の日の昼過ぎ、私は東海道線で長良川の川べりにある料亭へと向かった。

「ごめんください」と声をかけると、和服姿の中年の女性が「待っていましたよ」と迎えてくれた。

客のいない昼間、料亭は静まり返っていた。磨かれてひんやりとした廊下の先、奥の和室に案内された。三畳間の床の間がついている部屋で、襖の向こうには恐らく〝密会〟のための四畳半の和室がつづいているはず。

彼女は冷たいお茶を黒塗りのテーブルへ置いて、「お母さん、残念でしたね」と言った。

「立派なお母さんでした。あなたのお父さんが急死された後で、お父さんのツケが残っているのではないかと訪ねていらしたのよ。なかなか、できることではないです」

母がそんなことをしていたとは知らなかった。彼女は微笑んで、「今日はお父さんのことで訪ねていらしたんですよね」と、私にお茶を飲むよう勧めた。

「お父さんは、ひとしきり大勢で飲んで騒いだ後で、ここが一番落ち着くからと、一人で飲みながら私の帳簿の仕事が終わるまで待っていらしたの。

いつも買ってきた雑誌を読んでいて、読み終わったものを私に下さった。次に来た時に感想を聞かせてくれって。おかしいでしょう？

だけど私も、お父さんが次に来るまでにいただいた雑誌を読んでおいて、そのお話をして。そのおかげで、いろいろなお客さんとも話ができるようになったのよ」

どんな雑誌なのかと尋ねると、『週刊新潮』や『オール読物』、『小説新潮』を挙げて、そのなかでは『芸者小夏』が特に好きだったと言った。

父の部屋には、毎月本屋からそれらの月刊誌が五、六冊届いていた。私もそうした雑誌に触れ、また近所の書店では五冊までツケで購入していいと言われていたので、そのようにしていた。父から「活字」を与えられていたのは私だけではなかったということが見え始めていた。


三人目は、元芸者さんだという方だった。

彼女は、実家から歩いて五分もかからない場所に住んでいた。駅前のマンションの一室、ドアには「三味線教室」と書かれている。事前に父の友人から連絡がいっていたのだろう。ベルを押すと「待っていましたよ」と部屋に招き入れてくれた。

六畳ほどの居間で、机を挟んで彼女と向かい合った。

「今日は、お稽古がない日なので、ゆっくりしていってね」

聞くと、私の母と同じ年なのだという。

「お父さんには、感謝していますよ。私がこうしてお三味線を教えたり、時には芸者さんたちに宴席での立ち居振る舞いを教えたりして生活できるのは、お父さんのおかげです」

父が一体何をしたというのかと、私は怪訝な顔をした。

「私の生まれた家は貧乏でね。学校も満足に行けなかったほど。それで、芸者に売られたの。お父さんと出会ったのは、お父さんが大学を卒業して帰って来られた頃ね。会うたび、本を読め、本を読めと言われた。だけど私は新聞も満足に読めないのだから無理よね。そしたらお父さんが、私に小学生が使うような国語辞典と漢和辞典をくれてね。平仮名なら読めるだろうって。

そして、なんでもいいから人に教えられることを身につけろとおっしゃった。私たち芸者ができるのは踊りか三味線くらいのものだったから、私は三味線のお稽古を一所懸命にやった。それが今、生活の糧になっているの」

その後、私は実家に帰るたびに彼女のもとを訪ねるようになった。私が自分の本や原稿が載った雑誌を持参するたび、喜んでくれた。

「セッコちゃん、でかした。お父さんもお母さんも、きっとあの世で喜んでいらっしゃるわよ」

そのうち、彼女の家の居間の机の上には、国語辞典と漢和辞典がいつも置かれているのに気づいた。

「お父さんからいただいたのはボロボロになって、もう何度も買い替えたのよ。新聞や本を読みながらわからない言葉や漢字があれば、いつもこれで調べるの。私がどんなお座敷に出てもお客さんと話ができるのはこの辞典のおかげよ。どんな難しい文章でも、読めて意味がわかればなんとかなるから」

父は生前、「美容室で髪をすいてもらう時に、痛いと言うような女性になれ」と言っていた。「知的なことに関心をもっていれば頭皮も敏感になるのだから」という、それが父の口癖だった。

父の愛人たちから学んだこと

こうして、三人の元愛人たちと会うことができた。最後に、もう一人の「愛人」についても付け加えておきたい。

それは、父が亡くなる二年前のことだった。

ある日、母が血相を変えて、当時私が住んでいた神戸の家までやって来た。私が長女

を産んで三か月も経たない、一月の寒い日だった。母は開口一番、

「お雛さんは届いた?」

と聞いた。曰く、初節句となる娘宅に雛人形を贈ろうという話になり、父がデパートから送る役目を申し出たそうだ。そういえば一〇日ほど前、「雛人形は欲しいか」と父から電話があり、私は「まだ生まれたばかりだから来年でもいい」と答えたのだった。

父はなんとその後、私に送るはずだった雛人形を、市内に住む別の子どものところへ送ったのだという。父には愛人だけではなく、子どもまでいたのだ。デパートから父宛に届いた配達証明のハガキが、何もかもを明らかにしてしまった。

結局、我が家にはその次の年に豪奢な雛人形(一段が三〇センチ近かった)が。いっぽう、四歳になるという女の子の家では離婚騒ぎに認知騒ぎ。相手の女性は夫と別れて父以外の男性と再婚。そうした喧噪の中で、父は亡くなった。

我が家の雛人形は、その後も節句の度に父の思い出話とともに飾られることになった。

この時の旅で会いに行った女性たちが父の「愛人」として生きた戦前から戦後の時代、「結婚」制度から疎外された彼女たちはさぞ不安定な生活を強いられたことだろう。そ

れは、愛人の存在を知りながら我慢をせざるをえなかった私の母も同様であり、石島[10]の指摘する通り「近代日本の一夫一婦の婚姻制度は、『妾』と『妻』という女性間における分断を深め」る機能も果たしていたということだ。

男性への依存を前提に生きることを強いられた女性たちに必要だったのは、経済的自立だったのではないか。父の愛人たちは幸いにして活字に親しみ、手に職をもってそれを成し遂げ、私自身も現在にいたるまでフリーライターとして活動を続けることができている。それは大変に「幸いな」ことだった。

いっぽう、法の上での男女平等が（曲がりなりにも）約束されている、現在に生きる女性たちはどうだろうか。男女の月額賃金差は月平均八・七万、年収にして一〇四万の差があり、女性大卒者と男性高卒者の年収がほとんど同水準。男女では学歴が同じでも年収差があって、さらに年齢の上昇とともに拡大する。[11]

10 同、注5。
11 厚生労働省「賃金構造基本統計調査」二〇二二年。

父の愛人たちに会いに行くと決めた頃、社会はたしかに男女平等に向かって進んでいこうとしているように思われた。

この国の「女性の自立」はいったいどこで失敗したのだろうか。ここからは、現代の女性をめぐる状況（第二章）と、新宗教における家族観（第三章）から、何が女性の自立を阻んできたのかを見ていく。

第二章　「女性の自立」はどこで挫折したのか

社会進出する女性たち

戦後、新しい憲法の下で「家制度」は廃止された。しかし、戸籍の「筆頭者」や「世帯主」という呼称は現在も存在し、「家」意識は廃止から七〇年以上が経った現在も人々の間に根強く残っている。

一九五〇年代から六〇年代にかけて、「奇跡的」とも言われた日本の高度経済成長を、いわゆる「男は外、女は内」という性別役割分業制度が支えたことも大きい。さらに「家」を人々に刷り込んだかもしれない。この時期、相対的に豊かな「中間層」が実現し、多くの既婚女性が「主婦」としての地位を手に入れた。

ただし、戦後の女性労働参加率を国際比較すると、農家を中心に家族従業者として働いていたぶん、日本の女性労働参加率は一九六〇年代にあって決して低くはない。[1] あくまで、第一次産業が縮小して若年未婚女性たちが「勤労婦人」として雇用される一方

1 白波瀬佐和子『少子高齢化のみえない格差』東京大学出版会、二〇〇五年。

で、有配偶女性の無業化が進行していったということだ。

一九六〇年代半ばに高度成長期に入ると、労働力不足への対応として、既婚女性のパートタイム労働が盛んになる。一九七〇年版『婦人労働の実情』でも、「労働力調査特別調査」や「雇用動向調査」の結果を示しながら、「短時間就労女子雇用者」が、中高年層を中心に増加していると指摘している。『婦人労働の実情』一九七一年版によれば、当時「女子パートタイマー」を雇用している事業所は二八・八％で、医療業、製造業、卸売・小売業、金融保険業などで多い。

こうしたパートタイマーたちは、一九七〇年代のオイル・ショックの時期には雇用の調整弁として利用された。[2] なお、彼女たちはあくまで家計の補助的役割を期待されるものであって、大黒柱である夫の収入が少ない場合に「妻が働く」選択肢があった。[3] 同じく一九七〇年代には、女性の地位向上に向けての取り組みが世界規模で行われた。

---

2 田中裕美子「日本における既婚女性のパートタイム労働」二〇一四年。

3 妻の就労率が夫の所得との間で負の相関を呈することを、「ダグラス・有沢の法則」という。既婚女性の労働は他者である夫との間で規定されてきた（白波瀬佐和子「コロナ禍における社会の分断」『学術の動向』二〇二二年）。

国連は一九七五年を「国際婦人年」として、世界女性会議を開催（その後も計四回開催）。一九七九年には「世界女性の憲法」ともいわれる「女子差別撤廃条例」が採択された。

日本の男女共同参画社会も、この一九七五年の国連の取り組みに呼応して進み、「女子差別撤廃条例」批准に向けた国内法整備として、一九八五年、国籍法の改正（国際結婚で生まれた子どもが、母親が日本人の場合にも日本国籍を取得できるようになった）、高校家庭科の共修（それまで家庭科は女子生徒のみで、男子は技術科が必修科目だった）、男女雇用機会均等法[4]の制定（女性であることを理由とした差別的扱いの禁止[5]）が行われた。

なお、男女雇用機会均等法の審議時に意見が対立したのが「母性保護」についてであった。男女を「平等に」雇用する法を整備するにあたって、一九四七年制定の労働基

---

4 「雇用の分野における男女の均等な機会及び待遇の確保等女子労働者の福祉の増進に関する法律」のこと。

5 二〇〇六年には男女ともに性別を理由とした差別的扱いが禁止された。

準法に定められた女子保護規定のうち、特に「時間外・休日・深夜業の制限」と「生理休暇」の廃止存続をめぐる、激しい議論が交わされた。「存続」は女性労働者の現状から労働運動や女性運動、研究者によって主張され、「廃止」は規制緩和を望む企業や女性労働者の一部や、母性保護は「男女平等」にそぐわないとする研究者や行政によって主張された。[6]

結果、「母性保護」は撤廃されたが、男性並みに働くことができる女性とそうでない女性との分断が生まれるのではという懸念が残った。[7]

なお、こうした対立の底流には、同様に七〇年代に端を発する日本のウーマンリブ[8]が、国際婦人年以降の運動と、理念・方法において互いに乖離し葛藤に満ちたもので

6 赤松良子『均等法をつくる』勁草書房、二〇〇三年。
7 伍賀偕子「第三章 働く女たちの歩み（戦後編）——法の下の解放から「結果の平等」をめざして」竹中恵美子監修・関西婦人労働問題研究会『ゼミナール 女の労働』ドメス出版、一九九一年。
8 女性解放を掲げる女だけの隊列がデモにはじめて登場した一九七〇年一〇月二一日の国際反戦デーとする説がある（溝口明代・佐伯洋子・三木草子編『資料 日本ウーマンリブ史Ⅰ』松香堂、一九九二年）。

あったことがある。[9] 牟田（二〇〇六）は、日本のウーマンリブの変遷を振り返り、「そもそも個人の生き方と既存の権力構造とを問題にした『解放の運動』としてのリブ運動」からすれば、「国連や政府主導で行われる国際婦人年や関連行事への批判や距離感が生じる」のは「当然のことだったろう」と述べている。

ただし、男女雇用機会均等法によって、女性だけに適用される結婚退職制や男女で異なる定年年齢の禁止が明文化され、長年の女性たちによる運動の成果が大きな結実を果たしたのは間違いない。土井たか子を筆頭とした「マドンナ旋風」が巻き起こり、女性議員が多く誕生した平成最初の参議院議員選挙も一九八九年のことだった。

私が『結婚が変わる』を上梓したのは、このように女性の働き方、生き方をめぐって社会が大きく変わりつつあった一九九〇年のことだった。この本では、八〇年代後半の「シングル」ブームをとりあげて、独身としての生き方を選択した女性たちや夫婦別姓を選択した夫婦へのインタビューをまとめた。

9　牟田和恵「フェミニズムの歴史からみる社会運動の可能性――「男女共同参画」をめぐる状況を通しての一考察」『社会学評論』57（2）、二九二―三一〇頁、二〇〇六年。

当時、「結婚しない女」「結婚できない男」という言葉がメディアに登場するようになった。『結婚が変わる』でも、一九八八年の新聞記事において厚生労働省人口問題研究所が行った全国調査において、女性の八八％が「独身に利点あり」と回答したことを紹介している。また同調査によれば、結婚はしたいが「理想の相手が見つかるまでは結婚しない」と答えた女性も二〇代後半以上で二人に一人、三〇代前半までは三人に二人と、結婚だけが人生ではない生き方を見据えた女性が増え始めていたことがわかる。同書の「あとがき」でも触れたように、「女と男の関係」が、「お互いの『自立を促す』関係への変換のときがきている」と思われた。

ところが、である。

それから約三〇年後、二〇二〇年からのコロナ禍では女性の貧困が露わになった。

もっとも打撃を受けた飲食業などの対面サービス業の多くを女性の非正規雇用者が担っ

ていたことが大きな要因[10]といわれる。そうした現状をまとめたのが拙著『チヨさんの「身売り」』（花伝社、二〇二一年）だった。課題を抱えながらも女性の自立に向かってたしかに前進していたと感じられた当時から、この国に一体何が起こったのだろうか。

女性の貧困元年

実は、男女雇用機会均等法が成立した一九八五年は、「女性の貧困元年」[11]とも言われる。

それは、男女雇用機会均等法が成立する前月、「第三号被保険者制度」ができたことに端を発する。

10　総務省の労働力調査によれば、二〇二〇年四月の非正規労働者の雇用は、前年同月比九七万人減少。このうち七割以上の七一万人が女性。七月には、解雇や雇い止めの人数（見込みを含む）が三万人を超えた。

11　藤原千沙「貧困元年としての1985年――制度が生んだ女性の貧困」『女たちの21世紀＝Women's Asia 21』（57）、一九-二一頁、二〇〇九年。

自営業や農業者などとその家族、学生や無職者を指す「第一号被保険者」、民間企業の会社員や公務員などで厚生年金、共済年金への加入者を指す「第二号被保険者」に加えて、「第二号被保険者」に扶養されている配偶者を指すのが「第三号被保険者」である。

この「第三号被保険者」は、自分で保険料を納付せずとも年金をもらうことができる。当時想定された「第三号被保険者」は、専業主婦だった。もちろん、いわゆる「サラリーマン」の配偶者（妻）優遇ではないかとの声もあがった。逆に言えば、厚生年金への加入につながるような就労をせず、「個人としては無所得（または低所得）」の被扶養配偶者を優遇する「第三号保険制度」は、まさに「とりわけ女性について専業主婦への誘導をもたらしうる制度」[12]だったということだ。

「第三号被保険者」は国民年金保険料と健康保険料が実質的に免除されているが、その分の保険料は「第二号被保険者」が支払っている。社会保険料（厚生年金保険料と健

12　嵩さやか「共働き化社会における社会保障制度のあり方」『日本労働研究雑誌』59（12）、五一―六一頁、二〇一七年。

康保険料）は配偶者の有無によって変わることはないので、実質的に「第三号被保険者」の年金と健康保険の保険料は、「独身者」や「第二号被保険者の共働き世帯」も負担しているということになり、ここにも不平等が発生している。

「第三号被保険者」は年収見込みが一三〇万円を超えるか、社会保険のある会社で一定以上働くと、「第一号被保険者」もしくは「第二号被保険者」となる。この、一定以上働くと急激に手取りが落ち込む「一三〇万円の壁」[13]もまた、働きたい女性の社会進出を阻害することとなった。

さらに同時期、専業主婦やパート労働を行う主婦たちへの優遇策は続く。一九八七年には「配偶者特別控除」が創設された。「配偶者控除」は一九六一年、サラリーマン世帯の妻が家事・育児など家庭にあって夫を助けるといった「内助の功」を評価するという立法趣旨のもとに創設された。[14]この目的はそのままに（むしろ強化す

13　実務上は、原則として年間収入が一三〇万円未満で、かつ配偶者たる第二号被保険者の年間収入の二分の一未満の場合に、生計維持要件を満たす（平成五年三月一五日庁保発五号による改正後の昭和六一年三月三一日庁保発一三号）とされた。

14　全国婦人税理士連盟編『配偶者控除なんかいらない!?』日本評論社、一九九四年。

べく）、サラリーマンの減税、控除過程における所得の逆転現象の解消のためにできたのが、「配偶者特別控除」だった。

「配偶者特別控除」は二〇二三年現在、配偶者の収入が二〇一万円以下で、かつ納税者本人（たとえば夫）の収入が一二二〇万円以下（所得は一〇〇〇万円以下）の人が受けられる控除で、わかりやすくいえば、夫の給与所得への「減税」制度である。

「配偶者特別控除」にも、パート収入が一五〇万円を超えると控除額が段階的に減って夫の税負担が増える「一五〇万円の壁」、配偶者特別控除が適用できるか否かの「年収二〇一万円」の壁が存在する。かつてはここに、パートやアルバイトで働いている配偶者の年収が一〇三万円（給与収入一〇三万円）以上であれば所得税がかかるという「一〇三万円の壁」もあった。[15]

雇用機会均等法は「女子差別撤廃条約」批准によって導入されたが、その批准にあたって、日本は税制や社会保障の観点ではむしろ、女性の被扶養者モデルを制度化した

15　二〇一八年以降は配偶者特別控除の範囲が広がったことで、一〇三万円を超えても控除を適用できるようになった。

のだった。そして日本社会は、低所得の女性や無収入の女性に対して保険料負担なしに年金権を付与したことで、「女性パート労働者」という低コストの労働力を確保する根拠を得た。

こうした主婦やパート労働をする主婦を「優遇」する政策は、夫が定年まで元気に働き続けることを条件に保障されており、これが最大の落とし穴だ。死別に限らず、DV（ドメスティックバイオレンス）などで離婚する場合にも、女性たちは一気に貧困への道を駆け降りることになりかねない。

私には四〇歳でサラリーマンの夫（配偶者）を亡くしたという知人女性がいたが、突然の再就職は本当に大変なようだった。定年後も、手元にはわずかな厚生年金と夫の遺族年金のどちらかしか残らなかった。まさに、専業主婦の生活は「船底一枚下は地獄」の様相だったのである。

「総合職」と「一般職」

私たちに希望をもたらした一九八五年の男女雇用機会均等法だが、この法にも落とし穴があった。

これを男性と同じ処遇を女性にも求めることができる法制度であると受け止めた産業界が、それまでの男女別の分業型の働き方を前提とした雇用管理を維持するために、コース別雇用管理として、「総合職」と「一般職」制度を持ち込んだのである。

男女雇用機会均等法が性別による雇用管理を禁じたため、男性と同じ働き方を受け入れる女性は「総合職」コースに振り分け、できない者は「一般職」コースとした。しかしほとんどの企業では男性を「総合職」コース、女性を「一般職」コースに振り分けることによって、従前からの男女別雇用管理が維持された。

また、たとえ女性が「総合職」になったとしても、男性並みの長時間労働を強いられるうえ、出産や育児によってキャリアを断念することとなった。

男女雇用機会均等法成立以降に男性と同等の立場で入社した「均等法世代の女性」を調べた大内（二〇一二）によれば、彼女たちは男性社会に入っていったパイオニアとして、「女に営業は無理」、「結婚したら辞めるんだろうな」、「女をよこして馬鹿にしている」など上司や取引先から差別的な言辞を受ける苦難の経験を少なからずもっている。

また、彼女たちの一日あたりの平均勤務時間は「一一時間以上」と長時間で、なかにはほとんど終電で帰る、週末出勤も多いという人もいた。[16]
そうした男性的な働き方、あるいはそれ以上の働きをすることで、体や精神を病む女性たちもいたなか、男性主導の労働組合において女性が働きやすい職場が要求されることはなかった。当時の労働組合が作ったポスターに「妻が働かなくても大丈夫な賃金要求！」の文字が躍っていたのを覚えている。
私の住む神奈川県は「昼間より夜間の人口が多い」といわれたベッドタウンだが、当時は新興住宅地に住む「主婦」たちが自家用車で夫を早朝から最寄りの駅に送る「ドア・トゥー・ドア」の光景がよく見られた。「男女共同参画白書」[17]によれば、一九八〇年時点で、夫が働き妻は専業主婦という世帯は一一一四万世帯で、共働き世帯は六一

16　大内章子「女性総合職・基幹職のキャリア形成――均等法世代と第二世代とでは違うのか」『ビジネス&アカウンティングレビュー』一〇七–一二七頁、二〇一二年。
17　日本では夫婦がともに就業者である場合に「共働き」という言葉が用いられてきたが、この「共働き」という言葉は暗黙裡に市場労働のみを「労働」ととらえる思考を含み、収入を伴わない家事や育児、介護などの無償労働（アンペイド・ワーク）を無視することにつながる（久本憲夫『正社員ルネサンス――多様な雇用から多様な正社員へ』中公新書、二〇〇三年）。

四万世帯。これが逆転するのは一九九七年のことである。

結局、女性たちは結婚という選択を諦めて男性並みに働いて（あるいは実家の親から全面的な援助を得て）「自立」を手にするか、夫に養ってもらいながら非正規で働くほかなかった。こうして、「総合職」、「パートタイマーを含む『妻』」、制度に守られない「シングル」の分断が女性たちにもたらされたともいえる。

私が父の愛人たちに会ってみたいと思ったのは、まさに「男性＝稼ぎ主」と「女性（妻）＝ケア提供者」を前提とする「男性稼ぎ主モデル」がより強固なものになっていった時代でもあったのだ。

バックラッシュ

一九九三年に非自民・非共産の各党が連立を組んだ細川連立政権が倒れた翌年、連立を離脱した社会党（現・社民党）は自民党と組み、これに新党さきがけが加わる形で「自社さ連立政権」が誕生した。「選択的夫婦別姓制度」や「非嫡出子の相続分差別撤廃」を盛り込んだ「民法の一部を改正する法律案要綱」が国会に提出されたのも、この「自社さ連立政権」時のことである。[18]
　同じく自社さ政権下の一九九五年、第四回世界女性会議（北京会議）が開催された。この北京会議では女性の貧困や教育など一二分野の目標を掲げた行動綱領を採択、私も日本からの五〇〇〇人の参加者のうちの一人として参加した。
　いっぽう当時、九〇年代に光が当たり始めた従軍慰安婦問題や選択的夫婦別姓を求める動きなどを契機として、ジェンダー平等に対する対抗運動「バックラッシュ」が加速しようとしていた。
　一九九五年には「日本会議」の前身組織が「夫婦別姓に反対し家族の絆を守る国民委員会」を結成、夫婦別姓反対運動を開始。一九九六年には従軍慰安婦問題を契機として「新しい教科書をつくる会」が結成。さらにその前後にも「自由主義史観研究会」、安倍

18　法制審議会は、一九九一年一月以来、民法改正について審議を重ね、一九九六年二月、選択的夫婦別姓制導入と非嫡出子の相続分差別を撤廃する等を内容とする「民法の一部を改正する法律案要綱」を答申した。この答申に基づく民法改正案は、いまだ国会に上程されていない。

元首相が事務局長を務めた「日本の前途と歴史教育を考える若手議員の会」（教科書議連）、そして「日本会議」などの保守団体が続々と設立される。

「バックラッシュ」が一気に盛り上がったのが、北京会議の影響も受けて、「男女共同参画社会基本法」が成立した一九九九年以降、二〇〇〇年代のことだった。この時点で、すでに「自社さ連立政権」は崩れ、自民党単独与党の内閣へと時代は移っていた。この頃、前述した保守系団体を中心として、各地で男女共同参画条例制定、ジェンダー平等教育（男女混合名簿の導入など）、性教育、リプロダクティブ・ヘルスライツ（性と生殖に関する健康と権利）などへの強力な反対運動が開始される。特に、二〇〇二年から二〇〇五年にかけて一番のピークだったという。[19]

こうした保守団体と日本の新宗教とのつながりは第四章でも触れるが、拙著『新宗教の現在地』（花伝社、二〇二二年）に詳しい。

---

19 山口智美、斉藤正美、荻上チキ『社会運動の戸惑い——フェミニズムの「失われた時代」と草の根保守運動』勁草書房、二〇一二年。

バブル崩壊

一九九一年のバブル経済崩壊が女性にもたらした影響も無視できない。

バブル経済の崩壊は、「長期雇用」と「年功賃金」を男性に与えていた旧時代の日本的経営を解体した。「高賃金中高年」は能力主義の導入によってリストラされ、社宅や保養所の廃止、扶養手当給付基準見直しや廃止などによって、「日本型福祉レジーム」と呼ばれた福利厚生も縮小廃止される。新規学卒者採用も縮小し、いわゆる「就職氷河期世代」を多く生み出したのも同時期である。

いっぽう、正規雇用者として縮小されたコア部分を担う者たちには、雇用保障とひきかえに従来通りかそれ以上の長時間労働が課されることとなった。一九八五年の労働基準法改正によって八時間労働規制が「一定期間の平均値」となったことで、定休日のない営業時間設定や営業時間の延長が可能となった。

この時期、共働き世帯は増加しているが、こうした正社員（特に「総合職」）の長時間労働化は、女性たちをますます「自立」から遠ざけた。経済状況の悪化により子育てしながら就労継続する女性は増えたが、それ以上に子育て一段落後に非正規雇用となる女性比率が高かった。

一九九二年には育児介護休業法[20]も施行されたが、育休の取得や短時間勤務などの申請に応えることができる職場はごく一部で、正規従業員の長時間労働、残業業務の多さや育休交代要員が配置されないことから、妊娠出産や育児休業が「職場に迷惑をかける」といった感覚も存在した。[21]

また、八〇年代までは「労働力不足」といわれ、企業は企業内部に労働力を保有・確保することが至上命令だったが、これもバブル崩壊によって余剰人員を企業内に保有しない方向へと切り替わった。より調整が用意なパート労働や派遣労働者が拡大したのである。

「一般職」女性は一九九〇年代に徐々に非正規へと置き替えられていった。均等・均衡待遇のため差別的取り扱いを禁止した一九九七年のパートタイム労働法制定をはじめ、

20 「育児休業、介護休業等育児又は家族介護を行う労働者の福祉に関する法律」のこと。
21 服部良子「労働レジームと家族的責任」『家族社会学研究』27(1)、36-48頁、二〇一五年。

労働者派遣法の規制緩和など非正規雇用の制度整備が進んだのも同時期だった。

服部（二〇一五）は、パートの基幹化や業務アウトソーシングにより、一般職の女性がフルタイム正規職でキャリア形成するルートは九〇年代から二〇〇〇年代に「ほぼ消滅した感がある」としている。

なおこの頃、内閣府が「無償労働の貨幣評価について」として、「家事（炊事、掃除、洗濯、縫物・編物、家庭雑事）、介護・看護、育児、買物、社会的活動」を「無償労働」として、その貨幣評価額を推計している（一九九七年）。それによれば、有配偶・無業（いわゆる専業主婦）の女性の年間評価額は「約二七六万円」。これは、同時点での女性の平均市場賃金「約二三五万円」を上回っている。

つまり、女性は社会に出て賃労働をするより、家庭で家事労働をしているほうが社会的に「高価」であるというわけだ。だから、結婚した女性が働く場合には「家計補助」で良い、と。

もちろん、この「評価」には前述した通りのからくりがある。働き手の男性（配偶者）が元気で賃労働に従事しているという前提が欠かせないことだ。働き手の男性が失業したり亡くなったりすれば、「愛の労働」といわれる「家事労働」の対価はたちまち

「〇円」となり、女性に残される選択肢は安価な賃労働のみとなる。

派遣労働の拡大

一九八五年に労働者派遣法、一九九三年にはパート労働法がそれぞれ成立、一九九五年には日経連が「新時代の『日本的経営』」で「年功序列」、「終身雇用」、「企業別組合」などを見直し、「労働力の流動化」、「人件費節約」などを打ち出す。同年、社会保障制度審議会によって、社会保障の利用者は「応分の負担」が求められることになる。

一九八六年に労働者派遣法が施行されて以来、派遣法は幾度となく改正されてきた。特にバブル崩壊後は人材派遣に対する企業からの需要が拡大。企業による非正規雇用や派遣労働者の活用に伴って、政府も「派遣活用」のための規制緩和を進め、派遣対象業務が拡大した。二〇〇〇年の行政改革大綱では「国民の主体性と自己責任の尊重」がうたわれた。小泉内閣が公共事業を次々と民営化していった時期もここに重なる。

しかし二〇〇八年のリーマンショックにより、製造業を中心に「派遣切り」「雇止め」が社会問題化。非正規労働者を中心に職と住居、社会的関係を失い、社会の中の居場所を失った多くの人々が大量に発生、二〇一二年から二〇一五年にかけては規制強化に舵が切られることとなった。

特筆すべきは二〇一五年の「改悪」だろう。労働者派遣には、正社員を派遣に置き換えてはならない、派遣は「臨時的・一時的」利用に限るという原則がある。同じ業務で「原則一年、最長三年」の制限を超えてなお存続する業務は「臨時的・一時的」とはいえず恒常的な業務だから、正社員にしなさいということである。

二〇一五年の改悪以前は、通算三年を過ぎたら派遣労働者に直接雇用を申し込むよう派遣先企業に義務付けられており、違反した場合にも派遣労働者を正社員として雇用したとみなすという原則があった。これが「改悪」されて、派遣先企業が「労働組合の意見を聞けば」三年を超えての派遣としての雇用が可能になったのである。労働組合へは「意見を聞く」だけで、同意を得る必要はない。また、人を変えれば同じ部署での派遣を延長することもできる。

こうして派遣先企業がいつまでも派遣を利用できるような仕組みが強固なものとなり、一九九〇年には二割程度であった非正規労働者率は、二〇二〇年には四割に達するに至った。

安倍政権の「女性活躍」

安倍元首相は二〇一五年に「一億総活躍社会」を打ち出し、「女性の活躍」をその中核と位置づけた。[22]

これが「ジェンダー平等政策」ではなく「経済政策」だったことには注意が必要だ。[23]高齢者が増え現役世代が縮小するなかで社会保障制度を維持するには働き手を増やす必要があり、「潜在的労働力」として女性の活用が模索されたということだ。専業主婦がパートに出るなど非正規であってもそれまで働いていなかった人が働き出せば経済にプラスなので、堀江（二〇一六）の指摘する通り、「すべての女性」に働いてほしいというのは満更リップサービスでもなかったはずだ。

---

22 「ニッポン一億総活躍プラン」二〇一六年、一三頁。
23 堀江孝司「労働供給と家族主義の間——安倍政権の女性政策における経済の論理と家族の論理」『人文学報』五一二―三号、二〇一六年。

しかし、こうした女性の活用はあくまで「経済成長に資する」女性労働力を再商品化するものであって、市場において「有能な」人間であれば男女ともに市場に参入することが望まれているにすぎない。したがって、市場において「有能ではない」人間に対する処遇の引き下げ――生活保護費の引き下げなど――や生活の不安定化は性別にかかわらず正当化される。

市場における「有能さ」の基準は、働き方についての社会的規範を左右する。日本の「正社員」は長時間労働の受け入れを「有能」の基準としてきた。この新自由主義モデルにおいては、出産や育児の責任も個人に帰せられるので、男女がともに仕事も育児を担う「共働き・共育児」モデルが推進されているが、市場に参入してさらに家事育児を両立するのはこの時点で困難である。働き方の慣行が変わらないうちは、「男並み」であるということをもっての「ジェンダー平等」にしかならない。

また、「共働き・共育児」モデルが推進されているとはいえ、女性が家事や育児を中心的に担う構造は変わっていない。

二〇二〇年に閣議決定された「男女共同参画白書」では、一万三六〇〇人を対象にインターネット調査が行われている。その結果によれば、「単身」世帯で「仕事がある日」

の家事時間を比較したところ、女性で「一時間一〇分」、男性が「一時間」で同程度だった。これが、子どものいない夫婦世帯では、妻が「一時間五九分」に延び、夫が「四五分」に短縮される。子どものいる夫婦では、末っ子が小学生の場合で三・六倍、妻の家事時間が長く、育児時間についても二・一〜二・七倍長かった。

このように「家事労働」を蔑視・軽視・排除する社会システムによる「嫌がらせ」を、竹信（二〇〇三）は「家事ハラスメント」と呼ぶ。[24] 竹信は、日本では家事が社会の外側に置かれ、社会制度や福祉制度を考えるときに家事労働が無視されていると指摘し、「家事ハラスメント」を打開するには長時間労働をよしとする日本の社会制度を変える必要があるという。

以上、「女性の自立」という観点から振り返ると、一九八〇年代半ばからあらゆる手

24　竹信三恵子『家事労働ハラスメント――生きづらさの根にあるもの』（岩波新書、二〇一三年）。なお、この「家事ハラスメント」という言葉を「家事をやらされる男性のつらさ」を指す言葉に転化した言説や企業広告もあるが、竹信はこれを「この問題の本質は、こうした少数派の言葉の無力化であり、それを繰り返してきた『社会の装置』」だとしている。

で女性を「家」に押しとどめようとしてきたこの国の姿が見えてくる。

日本が坂道を転げ落ちていく前、その分岐点には「男女雇用機会均等法」を巧みに骨抜きにして専業主婦を優遇することで女性の「自立」を阻み、ジェンダー教育や女性政策への猛烈な対抗運動を行った保守層による動き（その多くが新宗教と結びついている）があったことを忘れてはならない。

次章においてはこの国の「男女平等」をめぐる歩みの影の部分が、現代社会にどのように表出しているのか見ていく。

第三章　現代を生きる女性の貧困

高齢女性の貧困

二〇二〇年、衝撃を受けた事件が起きた。

同年一一月、路上生活をしていた当時六四歳の女性が渋谷区のバス停前で死亡した事件だ。加害者の男性は傷害致死の疑いで逮捕・起訴、保釈中に自宅近くの建物から飛び降りた。男性は犯行動機について、ボランティアでのごみ拾い中、女性が「邪魔だった」と語っていた。

被害者の女性は夫からのＤＶ（暴力）を逃れて家出し、アルバイトを転々としながら暮らしていたが、家賃滞納によって野宿生活を余儀なくされていた。私は二〇年近く横浜市内で路上生活者の支援活動を行ってきたが、これは数少ない女性の路上生活者にとって「よくあるケース」である。

この事件を題材にした映画『夜明けまでバス停で』（監督・高橋伴明）も二〇二二年に公開されている。映画のサイトには、「非正規雇用や自身の就労年齢により、いつ自分に仕事がなくなるか分からない中、コロナ禍によって更に不安定な就労状況。そして自らが置かれている危機的状況にもかかわらず、人間の『自尊心』がゆえに生じてしまう、助けを求められない人々を描く」とある。[1]
　日本の成人期における女性の貧困率は、男性の貧困率をどの時点でもほぼすべて上回る。[2]唯一の例外は二五歳から二九歳で、この年齢期は女性のほうが男性よりも結婚している割合が高いからである。注目すべきは、七五歳以上の高齢期になると四人に一人の女性が貧困状況にあるということだ。さらにこれを一人暮らしの女性に限ると、高齢期の女性の二人に一人が貧困状態となる。
『平成24年版男女共同参画白書』（内閣府男女共同参画局）によれば、相対的貧困率は一人暮らしの高齢男性の世帯で三八・三％なのに対して、一人暮らしの高齢女性の世帯では五二・三％。コロナ禍によってその後さらに状況が悪化していることが予想される。
　この章ではまず、高齢女性をとりまく状況を見ていきたい。

1　映画『夜明けまでバス停で』ホームページより（https://www.yoakemademovie.com/）。
2　阿部彩「日本の相対的貧困率の動態：2012年から2015年」貧困統計ホームページ（https://www.hinkonstat.net/）、二〇一八年。

高齢社会とは、総人口における六五歳以上の人口が一四％以上を占める社会のことを指す。日本は、一九九五年に「高齢化社会」になり、現在では六五歳以上の人口が二一％を超えて「超高齢社会」となった。背景には死亡率の低下と平均寿命の上昇、出生率の低下、敗戦後のベビーブーム世代（現在の七五歳前後）が高齢者の仲間入りをしているということがある。

初めに挙げた事件の被害者女性は当時六四歳。参考までにその人生をＮＨＫ追跡記者のノート「ひとり、都会のバス停で～彼女の死が問いかけるもの」[3]からまとめる。

一九五六年　広島県に生まれる。

一九七六年　地元の短大を卒業、アナウンサーを目指して教室に通う。劇団に所属し、結婚式場で司会業などもする。

3　ＮＨＫ事件記者取材ｎｏｔｅ「ひとり、都会のバス停で～彼女の死が問いかけるもの」二〇二一年四月一八日公開記事（https://www3.nhk.or.jp/news/special/jiken_kisha/kishanote/kishanote15/）。

一九八三年　二七歳、結婚、上京。

一九八四年　二八歳、夫の暴力で実家に戻り、その後離婚。

一九八六年ごろ、三〇代。上京してコンピュータ関連の仕事を転々とする。

一九九六年ごろ、四〇歳ごろから弟と直接会う機会がなくなる。

二〇〇九年ごろ、五三歳ごろ、首都圏各地スーパーの試食販売員として働く。

二〇一六年ごろ、六〇歳ごろ、家賃滞納でアパート立ち退き迫られ住居を喪失。ネットカフェで寝泊まりするようになる。

二〇一九年の春ごろ（六三歳ごろ）から路上生活。商業施設に閉館まで滞在し、その後は近くのバス停のベンチで寝る。

二〇二〇年三月ごろ、携帯の契約が切れる。同年一一月、バス停のベンチで寝ているところを男から暴力を受け、亡くなる。


当時六五歳前後の女性で、結婚や出産と同時に退職して専業主婦になったという人は多い。家事・育児を担いながら、子育てが一段落するとパート労働をしたり生活協同組合などの社会活動に参加したりするというのが典型的なライフコースだった。

「共働き」であったとしても配偶者控除が受けられる範囲のパート労働、という彼女たちの弱点は、夫が病気で中途退職、あるいは死亡するなどすれば、たちまち家庭経済が崩壊してしまうことだった。そうなると「第三号被保険者」である彼女たちは、それまで免れていた国民年金を支払わなくてはならなくなる。

事件の被害者女性は六四歳。厚生年金の受給開始年齢は六五歳前後だが、短大を卒業し地元の男性と結婚後に専業主婦になったという彼女は、それ以降は厚生年金に加入していなかったはずだ。国民年金のほうは希望すれば「繰り上げ支給」が可能だが、そうすると年金額は減額となる。国民年金を満額もらうには四〇年間保険料を支払う必要があるが、多くの女性はこの条件を満たせず、満額以下しか受給できない。

私の住む横浜市の男女共同参画推進協会が単身で暮らす女性一五人にヒアリング調査を実施したところ、その住居費は平均六・一万円、収入に占める割合は四割だったという。[4]

4　二〇二二年四月一八日付『毎日新聞』「単身女性、重い住居費『公的支援少なく、将来に不安』横浜市男女共同参画推進協会が調査」。

いっぽう、日本国民年金機構によると、令和四年度の給付金は前年度から四％減の「六万四八一六円」。老齢年金生活支援金「五〇二〇円」を加算しても、七万円に満たない。自営業などで公的年金が国民年金だけという夫婦では、年金額が満額でもあわせて一〇万円という家庭も少なくないなか、非正規でしか働いたことのない女性が一人で生活するのは難しいだろう。

「年金」格差

高齢の単身女性の貧困と孤独を描いた映画として、二〇二二年六月に『ＰＬＡＮ75』が封切られた。私の趣味は映画鑑賞で、多い時では年間に一〇〇本以上映画を観る。最近では社会派と呼ばれる作品が少ないことに不満を抱いていたので、この『ＰＬＡＮ75』には久々に興味をもった。

舞台は少子高齢化がますます進んだ近い将来の日本。満七五歳から生死の選択権を与える社会制度、「プラン75」が施行される。七五歳以上の人が申請すると国の支援のもとで安らかな「最期」を迎えられるというもので、人口比に占める高齢者の著しい増加にあえぐ社会は歓迎ムードとなる。

主人公の女性（倍賞千恵子）は七八歳。夫と死別し、長年一人暮らしをしてきた。ホテルの客室清掃の仕事を持ってつつましく暮らしてきたが、高齢を理由に退職を迫られる。必死に新しい職を探すも見つからず、「プラン75」の申請を検討し始める。

この「七五」という数字はリアルなものだと思う。二〇二五年、日本の国民の五人に一人が七五歳以上になる。わたしが今回の取材で訪れたホームヘルパーの事業所の多くでも、ヘルパーの定年は七五歳となっていた。

厚生労働省『被保護者調査』によると、二〇二二年七月時点で、生活保護を受けている人は一六四万二三九九世帯、二〇二万三六三五人。生活保護受給者が「二〇〇万人超」となったのは二〇〇八年のリーマンショック以来である。

『PLAN75』にも、七八歳にして「転職活動」を強いられた主人公の女性が役所で苦境を訴えたところ、生活保護を勧められるシーンがある。だが、家族福祉を建前とする日本では、生活保護の申請にあたっては申請者の親族に「あなたは、〇〇さんを扶養する意図がありますか」と問い合わせがいくことになる。この書類に返答せずとも罰せられることはないが、人間関係が崩れることを心配して生活保護受給をためらう者は多い。

それでも現在、各自治体窓口で対応するケースワーカーは多忙を極めており、一人あたり約九〇世帯を受け持ち（国の目安は八〇世帯）、現場は「疲弊」しているという。[5]『平成24年版男女共同参画白書』（内閣府男女共同参画局）によれば、六五歳以上で生活保護を受給している女性の人数は男性よりも多く、生活保護を受けている高齢女性の中では女性単身世帯が七割以上を占めている。

映画館はウィークデーの昼間ということもあってか、高齢の女性が多かった。隣席の七〇代頃と思われる二人連れの女性たちから、「あなたの家はご主人の厚生年金があるから大丈夫でしょう」という会話が聞こえた。

日本に「国民皆年金」の制度ができて、二〇歳以上の国民すべてが公的年金に加入することができるようになったのは一九六一年。このことによって現在高齢期に突入している男性の多くは四〇年間公的保険を享受したので、男性高齢者の貧困率は大幅に下が

5　二〇二二年五月二四日付『東京新聞』。

ることとなった。いっぽう、高齢女性においては貧困率に大きな改善の動きがなく、むしろこの三〇年で男女格差は大きくなっている。[6]

高齢者世帯の総所得における「公的年金」が占める割合は、単身世帯では「約七割」。女性に限ればほとんどが基礎年金である「国民年金」に頼った生活を送っている。いっぽう、現在単身であっても、過去に「厚生年金」に加入している男性と結婚していれば「第三号保険制度」によって、配偶者が死亡した後も婚姻期間に応じて「遺族年金」と「国民年金」が受給される。

こうして高齢女性間の「女女格差」が生まれるのは「どうなの？」と思うのは、私だけだろうか。

コロナ禍において子どもの貧困やシングルマザーの貧困が大々的に取り上げられることはあっても、この高齢女性の問題は置き去りにされてきたのではないだろうか。このように女性の貧困が取り上げられる際（そもそも長年政治的にも社会的にも顧みられる

6　男女間の格差は、一九八五年の三・六％から、二〇〇九年には最高の七・八％、二〇一五年時点では六・〇％。

ことはなかった)、必ず「若年」女性がクローズアップされることについて、阿部(二〇一八)は、そこには「若い女性が貧困に陥っているから出生率が上がらない」というストーリーがあるとし、「社会は、女性を『産む人』としか見ておらず、『人』としては見ていない」[7]と指摘する。

次に、高齢女性の「今」をもう少し詳しく見ていく。

介護保険事業

令和三年度版の『男女共同白書』には、六五歳から六九歳の女性の三割強が就業意欲を持っており、そのうち無業者においてはその理由として「収入を得る必要」を挙げる割合が男性より高いと指摘されている。

ここでは女性が男性に比べて「就業の中断」などにより経験の蓄積や能力開発が不十

7 二〇二〇年一二月四日付ウェブマガジン『せかいしそう』「中年・高齢女性の貧困が問題にされないワケ」(https://web.sekaishisosha.jp/posts/4193)。

しているとの報告があった。帰国後『神奈川新聞』にそうした模様を寄稿したところ大きな反響があり、私は一九九九年に『高齢者虐待』（新評論）としてまとめている。介護保険法は、この高齢者虐待防止法の制定にあたって誕生した。それまでの「家庭内介護」を「社会の介護」に転換させるための大きな変化だったといえる。

あれから二〇年以上が経過した現在、介護の現場はどうなっているのだろうか。

二〇二二年、私は首都圏郊外に点在する介護サービス事業所を訪ねた。なかでも、「老舗」として知られる事業所のケースを紹介しよう。

その事業所では、介護保険が適用される訪問介護や障害福祉サービスのほかに、年会費二〇〇〇円を払って会員になれば、「ホームヘルプサービス」として子どもから高齢者までを対象に家事サービス（産前産後や外出中、介護疲れの際などの家事援助）を有料で受けることができるという。

悩みもある。

以前は七か所あった事業所が、現在は四か所に減ったとのこと。

「主な原因はサービスの担い手が集まらなくなったこと。民間の大手事業所に流れているようです。大手の事業所は老人ホームなどの施設を持っているところが多いので」

訪問介護サービスは、実働時間にのみ報酬が払われる場合が多い。そうした労働環境に問題があるのではと聞くと、

「うちの事業所では、交通費も出しているのですが……」

交通費は「一律で五〇円」とのことだった。これは介護ヘルパーが自分の車を利用しても変わらないという。

働いている人は七〇代が多いとのこと。

「一応定年は七五歳としているのですが、その人の意欲と健康状態で判断することにしています。でも、自転車を交通手段としている方が多いので、事故もありますね」

なかには八〇代の方もいらっしゃるとのことで、衝撃を受けた。

横浜の新興住宅地には坂道が多い。今回取材した先でも、電動自転車を仕事に利用しているというヘルパーが多かった。

「電動自転車って、二一、三万円もするのよ。それも自腹だから大変！　そのうえ、二、三年しかもたないのよ」

「車で移動する人もいるけれど、みんな自分持ちよ。だから、駐車違反でもすればマイナスになってしまうの」

介護保険制度による訪問介護ヘルパーの劣悪な労働条件をめぐっては、二〇二二年一一月、ヘルパーの女性三人が「訪問介護ヘルパーが低賃金で労働条件も劣悪なのは介護保険制度に原因がある」として訴えを起こしている。彼女たちは「訪問介護を担う大半の非正規の登録ヘルパーはサービスを提供した時間しか賃金が支払われず、利用者宅を回る移動や待機時間はほぼ無給。利用者側のキャンセルによる休業手当も出ない」としていた。[8]

高齢女性たちが低賃金で働いているのは、同じく訪ねてまわった首都圏郊外の介護保険事業所ではどこも変わらないようだった。なかには訪問先の玄関で「杖」をバッグに入れてから働くとか、介護認定を受けている高齢女性が生活のために働くという例もあった。

8　二〇二二年一一月二日付『東京新聞』「訪問介護「移動、待機時間の無給おかしい」の訴え認めず　東京地裁　介護報酬の不十分さ素通り」。

地域の「助け合い」から

もう一つ、「地域での助け合い」が介護保険事業所へと変わっていったという地域グループの例を紹介する。

「グループたすけあい」は、一九八五年、産後の世話や家事、介護、外出の介助などを助け合うグループとして、横浜の新興住宅地で専業主婦らによって発足した。代表の清水雅子氏に話を聞いた。

「小さいころからお世話になった祖母の介護は少しも嫌ではなかった。ご近所の方にも助けていただいたし。結婚してすぐ子どもができたので、ご近所の方が出産された時など、自然に助け合いができたのね」

「グループたすけあい」はその後、地域の要請を受けて二〇〇〇年に介護保険事業所としての認可を受け、二〇〇八年には居宅介護支援事業所になる。当時からの「合言葉」は、「おしきせでない、施しでない、金儲けでない」というもの。ところが清水氏は、「介護保険事業では、これまでと違うこともありますよ。それまでの『お互い様』を前提とした対等な関係の〝助け合い〟とは違って、介護保険料を支払っているのだからと文句をつける人も出てきた」

このように、地域での介護サービスが「有償ボランティア」として出発するのは珍しくない。

神奈川県では、一九六四年、「家事サービス訓練所」が横浜市の紅葉ヶ丘に設置された。これはその後「家事サービス女子訓練校」と改称され、一九八六年には「紅葉ヶ丘高等職業訓練所」となり、現在は「神奈川県東部総合職業訓練校」となっている。

職業訓練校時代に校長を務めていた新井通子氏に聞いたところでは、一九六四年の「家事サービス訓練所」誕生は、企業からの要請がきっかけだったという。六〇年代、神奈川県、特に横浜市は地方からの流入人口が多く、核家族がほとんどだった。そうした核家族において妻が出産するという場合、妻の実家からのサポートがなければ夫が仕事を休まざるを得ないので、出産時の家事のサポートをしてくれる女性が求められたのだという。そして、県内の高齢化が進むと、今度は老人ホームなどの施設で働く介護職を養成する場ともなっていったのだろう。

実は、介護保険制度ができる前の一九七〇年代後半、私は神奈川県の「ホームヘルプ協会」設立前夜の会議に立ち会っていた。

ホームヘルプ協会は、「福祉的料金（低料金）で行政サービスの対象外である高齢者（中間所得層）を市民同士で助ける」ことを趣旨とした「有償ボランティア組織」として発足した。この「福祉的料金での助け合い」の形やそれに準じた介護〝ボランティア〟は、日本中に広まることとなった。

設立前の会議では、核家族が増えて介護を家族だけが担うのが困難になりつつあった当時、「地域の助け合い」という名目で、子育て後の専業主婦が「介護の担い手」となってはどうかということが話し合われた。

私はそうした社会的労働を低賃金の「ボランティア」として専業主婦たちが引き受けることに反対していたが、

「介護労働なんていったら主婦は誰も参加しない」

「専業主婦は家事労働のプロじゃないか」

といった声に押し切られた。

一九九七年には「社会福祉士及び介護福祉士法」が成立し、ホームヘルプ協会でも経験を積み試験を受ければ介護福祉士の資格を得ることができるようになった。また、介護保険制度によって、介護の種類による（たとえば「おむつ交換」や「食事介護」など身体に直接触れる必要のある「身体介護」など）「介護報酬」が設定されるようになった。ただし、ホームヘルプ協会においては介護報酬に事業所側の運営費も含まれるので、「有償ボランティア」との二本立てになったといえる。

「グループたすけあい」の清水氏に、労働形態についても聞いてみた。

「会員のうち、理事以外は非常勤雇用で、介護保険事業や有償ボランティアの活動に応じた時給をお支払いしていますが、いわゆる〝主婦の小遣い〟程度です。教育費などで子どもにお金のかかる年齢になると他の常勤ヘルパーやデイサービス事業所に移り、そこを定年退職された後で『グループたすけあい』に戻ってこられる方も多いです」

「グループたすけあい」の事務所で働く女性に聞くと、理事として常勤で働くケアマネージャーの月給は二七万円から三五万円ほどだという。手取りでは少なくとも二一万円ほどといったところか。

家族の生活を支える「家事」は、農業など第一次産業が中心経済だった時代には家族総出で行われるものだった。しかし近代資本主義社会の発展にともなって「労働」は家庭の外へと移り、「家事」は私的な労働となって、その担い手は主に「主婦」である女性となった。

ジョヴァンナ・フランカ・ダラ・コスタは、『愛の労働』[9]において、「結婚の契約によって女が男に与えることを課せられるのは、表向きにはまず第一に『愛』であって、労働ではない」と指摘している。一九世紀後半以後のあらゆる先進資本主義社会において、身の回りの世話などの「家事」労働は結婚制度の下で「愛の帰結」、「愛の結果的表現」としてごまかされ、女性たちは資本主義に搾取される男性に不払い労働によって搾取されるという、二重に労働を搾取される構造を生きることとなった。

育児や家事が地域の「助け合い」に求められるのも、このように「愛」が労働の価値を覆い隠してきたことが背景にあるのではないか。「助け合い」についても、その労働としての価値が問われる時代を迎えている。

9　伊田久美子訳、一九九一年、インパクト出版会。

家事労働は「労働」か

介護保険制度ができたことで介護が「家族」から「社会」へと開かれたにもかかわらず、介護ヘルパーの労働者としての労働環境は劣悪なものだった。その背景には、こうした「ボランティアからの出発」という歴史と、「女性なら誰でも簡単に家事ができる」といった性別役割分業を前提とした社会の強い意図を感じる。

『東京新聞』によれば、二〇二一年に労働災害で亡くなった六〇歳以上の高齢者は三六〇人に達し、労災死亡者全体（八三一人）の四三・三%を占めたという。四割を超えたのは初めてで、過去最高の比率だという。コロナ禍では老人ホームで働いていたヘルパーが新型コロナウイルスに罹患して死亡した事例もあった。

背景には、介護の現場はもちろん、工事現場や清掃など若い人が敬遠しがちな危険できつい仕事を担う高齢者が増えている現実がある。

なかでもいわゆる家政婦業＝家事使用人には労働基準法が適用されない場合がある。家事使用人は大きく二つに分類される。

①個人の家庭において、その家族の指揮命令のもとで家事全般に従事している者。雇い主が個人である場合はもちろんのこと、法人に雇われ、その役員などの家で家事を行う場合も含む（有料職業紹介事業において家政婦を紹介する家政婦紹介所やハローワークなどから斡旋をうけ、訪問先で雇用されることが多い）。

②個人家庭における家事を事業として請負う者に雇われて、その指揮命令のもとに当該家事を行う者（家政婦紹介所や家事サービス代行会社などに雇用された者が各家庭をまわり、家庭の作業を行う場合。行った先の家庭の人の指示は受けない場合）。

このうち、①の「家事使用人」には労働基準法が適用されない。

訪問介護・家事代行サービス会社で働いた末に死亡した女性について、国が労働基準法が適用されないと判断した事例を紹介する。

当時六八歳だった女性は二〇一五年五月、東京・府中市の低温サウナ施設で気を失っているのを従業員に発見され、直後に亡くなった。女性は訪問介護・家事代行サービス会社から寝たきり高齢者のいる家庭に派遣され、その日朝まで一週間泊まり込んでいた。訴状や同僚の証言などによると、女性は二四時間の拘束で、午前五時前に起床、二時間おきのおむつ替えや家事をこなし、夜も高齢者のベッド脇に布団を敷いて休む生活だった。家族から介護や調理方法などを逐一指示されていたという。

これを過労死と考えた女性の夫は労働基準監督署に労災保険の支給を申請をしたが、結果は「不支給」。労基法は「家事使用人」には適用しないというのが理由だった。[10]

被害者女性の夫は、「労働者じゃないとしたら奴隷だったのか。人間として扱ってほしい」として、労基署の上部機関に審査や再審査を申し立てたがすべて却下され、二〇二〇年に不支給決定の撤回を求めて国を訴えている。

国勢調査によれば、いわゆる「家政婦（夫）」は現在約一万一〇〇〇人。そのうち九七％を女性が占める。厚生労働省が全国の「家事使用人」を対象に働き方調査を行ったところ、「家事休憩」については「不明確」との回答が六三％であった（二〇二三年八月二日付『毎日新聞』）。働き手の女性が深刻なセクハラに遭うケースもある。

10 二〇二二年九月六日『東京新聞』「家事代行者の「労災認めて」 妻急死の夫が国に労基法の「例外」撤回求め7年 近く地裁判決」。

非正規雇用と公務員

前章で、バブル崩壊後に当時の小泉政権が「多様な働き方」を推奨して、非正規雇用や派遣労働者「活用」のための規制緩和が進んだことを確認した。同時期に進んだのが、公務員定数の削減だった。自治体の財政難や求められるサービスが多様化していることに対応することが目的とされたが、現状はどうだろうか。

二〇〇五年の調査では、「労働力人口に占める一般政府職員の割合」が、ノルウェーやスウェーデンで二〇%近いのに比べて、日本は約六%しかない。[11] また、自治労の調査では、一九九四年には三二八万人と過去最多だった定数内公務員は、二〇一六年には二七四万人にまで減っている。こうした「減員」を補うのが、「定数外（臨時や非常勤など非正規）」の職員で、これは同時期に二三万人から六四万人へと約三倍に増えてい

11 前田健太郎『市民を雇わない国家――日本が公務員の少ない国へと至った道』東京大学出版会、二〇一四年。

る。

この非正規職員が配置されたのが保育士や図書館職員、給食調理員など、もともと女性が多いポストだった。

二〇二〇年の総務省の調査では、非正規公務員の四分の三を女性が占めており、公務員の男女の賃金格差は男性を一〇〇とした場合に女性は八九と民間より小さいが、正規と非正規の格差は二倍強と大きい。

また、有期雇用労働者が五年を超えて働けば無期雇用になるという「無期転換ルール」も、非正規公務員には適用されてこなかった。そこで、「非正規の地位を安定させるため」と、二〇二〇年四月から導入されたのが、週の就業時間が三八時間四五分以上であれば「会計年度任用職員」として認められ、昇給制度があって残業代や通勤費も支給されるという、「会計年度任用職員制度」である。

二〇二一年五月三一日付『東京新聞』に、「会計年度任用職員制度」で働く女性の悲痛な声が寄せられている。インタビューに応えた女性の手取りは一六万円で、「年収は一九〇万円から二三〇万円に増えた」ものの、「年度ごとの契約で賃金は低く、昇格もない」ことから不安定さは増したという。

全国の自治体で働く非正規公務員は約六九・四万人。うち九割を「会計年度任用職員」が占め、さらにその四分の三以上が女性である（総務省による二〇二〇年度調査）。資格の必要な専門職でありながら、彼女たちはなぜこのような状況に置かれているのか。それは、小泉政権下の二〇〇三年、地方自治法の改正によって公の施設の運営を民間企業やNPO法人に委ねる「指定管理者制度」が導入されたことに端を発する。

指定管理者制度は「多様化する住民の要求」に応えることを目的に設置され、「スポーツ関連」「公園関連」「文化関連」「医療関連」「福祉関連」「生活関連」「教育関連」については、地方公共団体が民間に委任できると認めた施設に適用される。

アカデミック・リソース・ガイド株式会社作成の『ライブラリー・リソース・ガイド（LRG）』第四〇号（特集「図書館とジェンダー」）では、公共図書館において非常勤職に女性の割合が顕著に多いことが紹介されている。二〇一五年時点で、専任公共図書館員の六〇％が女性、非常勤職員では九〇％が女性である。いっぽう、図書館長・分館長の割合においては、女性はたったの一五％。アメリカの七九％に比べると、明らかに偏りがある。

今回、都内の公立図書館で働く非常勤職員の女性にインタビューを行った。

小さい頃から図書館で働くことが夢で、大学で図書館司書の資格をとったという彼女は、

「非常勤なので、いつも採用時期には胸が痛い」

と語った。勤続一〇年、年収は一五〇万円ほど。実家住まいなので「何とか生活している」と言う。

「いつクビになるか分からないので、ギャンブルやっているようなものですね」

有名大学を出て憧れの図書館勤務になったけれど、一年契約で不安定な生活をせざるをえない状況を、どう受け止めればよいのか。

公務非正規女性全国ネットワーク

今や、地方自治体の職員の三人に一人が、臨時職員・非正規労働者として働いている。こうした非正規で公務労働に従事している女性たちが、「公務非正規女性全国ネットワーク（はむねっと）」を結成した。

「公務非正規女性全国ネットワーク」は二〇二二年五月から六月、非正規公務員を対

象に（性別を問わない）労働状況を明らかにするためのアンケートを行い、七〇五件の有効回答を得ている。ここで少し紹介したい。

回答者の「職種」は、一般事務職員（三六・九％）、図書館職員（一〇・九％）、学校に関わる相談・支援業務（一〇・四％）、学校司書（七・五％）、学童保育員（五・二％）、保育士・保育補助（四・四％）……と続く。一番多い年齢層は五〇代（三八％）、次が四〇代（二五％）。雇用主の九割が地方自治体、就業形態の九割は「会計年度任用職員」だった。

回答者のうち、「所定労働時間」が「週三〇時間以上」と答えた者は五六％いたにもかかわらず、約半数が「年収二〇〇万円未満」であるとしている。しかも、三人に一人が「主たる生計維持者」で、年収二〇〇万円未満が約四割となっている。回答者の九割が「将来に対する何らかの不安を抱えている」。

「調査に寄せられた声」としては、次のような悲痛な声が並ぶ。

「満足な研修も受けず、一年契約で安心して働けない私たちが、市民の対応をしています」（女性　五〇代　関東）

「専門性を認めて長期雇用してほしい。……更新するたびにこの一年で成長が見られなかったら次はないと脅すのはやめてほしい」（女性　五〇代　中国・四国）

「この給与では一人で生活できないと思います」（女性　四〇代　九州・沖縄）

「会計年度職員といっても正規職員と変わらない仕事分担があり、残業も大幅に発生する。しかし残業代は払われない」（女性　六〇代　関東）

「表向きは正規職員の補助ということになっているが、環境や職種によっては正規職員と同じ仕事をしています」（女性　三〇代　北海道・東北）

「子育て支援の充実をうたっておきながら、専門性は安く買いたたかれ、業務の負担ばかり重くなっています」（女性　四〇代　関東）

「必要となる知識は自腹で外部の研修、学校等に通うことを暗黙で要求されています。そうしなければ更新されない可能性も高い」（女性　五〇代　関西）

「わが身さえどうなるかわからないなかで良い市民サービスはできない」（女性　六〇代　中部）

「同じ場所で働くのに三年に一度公募する制度の意味がわからない」（女性　三〇代　北海道・東北）

「改善を求め意見する非正規職員は組織ぐるみで退職に追いやられる。理不尽なことがあっても相談できる窓口がない」（女性　四〇代　北海道・東北）

「市役所で働いていると、行政がこれほど多くの非正規労働者を不安定な雇用、低賃金で搾取し、公共サービスを無理矢理成り立たせているというこの社会の脆弱性に日々暗い気分になります」（女性　三〇代　関東）

ここで紹介した例は、ほんの一部である。

「はむねっと」の代表である渡辺百合子氏は、次のように語った。

「学校でいじめや不登校の子どもたちに寄り添うスクールカウンセラーも非正規です。一年契約では子どもたちの心の安全を守れない。せめて学校現場だけでも安心して子どものサポートにあたれるようにしてほしい」

この数年の間、児相による児童虐待の対応件数は継続して増加している。二〇二〇年春からの新型コロナウイルスの感染拡大を背景に、保護者の在宅時間が増加したことで、専門家の間では虐待件数のさらなる増加が予想され、それは現実となった。

二〇二一年七月号『都市問題』（公益財団法人後藤・安田記念東京都市研究所）は、

非正規で働く女性の九五・八％が年収三〇〇万円未満であり、コロナ禍による休業や解雇によるダメージが大きいとしている。なかでも、子育て中の「ひとり親」女性は厳しい状況に置かれている。

たとえばシングルマザーの五割以上が非正規雇用であり、その収入の平均は一二五万円。ひとり親で子どもがいることが、就労するうえで不利にはたらき、非正規雇用の職に就かざるをえない。離婚後の養育費の未払いも母子家庭の貧困に繋がる。二〇一一年度「全国母子世帯等調査」によれば、母子家庭への養育費の八割が不払いとされている。

コロナ禍ではさらに厳しい状況が広がっている。二〇二一年五月八日付『中日新聞』によると、シングルマザー五三九人を対象に行った調査で、都内に住む約半数が、常時「就労収入がコロナ拡大前より減少した」と回答した。就労収入が月一二万五〇〇〇円未満との回答も常時約五割にのぼった。預貯金が一〇万円未満の世帯割合も徐々に上昇し、直近では四割近くに達した。

こうして社会での行き場を亡くした女性たちが、家庭で子どもたちと閉じ込められることになる。

厚労省発表の数字では、二〇二〇年の一月から三月の児相による児童虐待の対応件数は、去年の同じ時期よりも一〇％以上増えているが、四月以降は減っている。これは、学校や幼稚園の休校や休園、あるいはコロナのせいでなかなか病院に行かなくなったことから、虐待が発見される機会そのものが減っていることを表しているのだろう。教育現場には、こうした虐待から子どもを守る役割もある。

第四章　新宗教の家族観と八〇年代の「主婦」たち

「生長の家」と「日本会議」

第二章で、九〇年代の従軍慰安婦問題[1]や選択的夫婦別姓への反発に端を発する形で、一九九九年の男女共同参画社会基本法の成立を受けて二〇〇〇年代に強烈なバックラッシュがあったことを振り返った。

このバックラッシュが〝一定の成果〟を得たのが、二〇〇五年の第二次男女共同参画基本計画のなかで「ジェンダーフリー」の言葉が使われなかったことだと言われている。[2]ジェンダー平等に反対する右派政治家にとって、男女平等参画社会基本法、なかでも「ジェンダーフリー」を弱体化、無効化することは重要課題だった。そこで、「性別にか

1　一九九一年八月に韓国の元日本軍「慰安婦」金学順さんが証言して以来、アジア各国の被害女性が立ち上がり、問題解決と真相究明を求める声が高まった（日本軍「慰安婦」問題ｗｅｂサイト制作委員会編『Q&A「慰安婦」・強制・性奴隷あなたの疑問に答えます』御茶ノ水書房、二〇一四年）。
2　山口智美、斉藤正美、荻上チキ『社会運動の戸惑い――フェミニズムの「失われた時代」と草の根保守運動』勁草書房、二〇一二年。

かかわらず個性と能力を生かす」という基本法の理念を骨抜きにすべく、地方自治体が男女共同参画推進条例を作る際に「男らしさ女らしさを一方的に否定することなく」、「専業主婦の役割を否定することなく」といった文言を入れるための運動が展開された。こうした運動を「過激な性教育・ジェンダーフリー教育実態調査プロジェクトチーム」の座長として引っ張って「成功した」安倍晋三氏が、二〇〇六年に第一次安倍内閣を組織している。

安倍政権は「女性活躍」をうたって労働市場内外の女性に対しては宗旨替えと言われるまでの姿勢を見せた。しかしいっぽうで、性や婚姻に関する人びとの価値観や生き方の多様性、ダイバーシティを容認する政策からは距離を置きつづけたことが記憶に新しい。とくに夫婦別姓や婚外子、同性婚、性教育の推進など、「あるべき家族」から逸脱する個々人の選択や多様性を認めるような法制度の導入については一貫して否定的であった。

安倍元首相が右翼団体「日本会議」に支えられて憲法九条の改憲等を推し進めようとしていたことは周知の事実だが、バックラッシュを担ったとされるそうした右翼団体を支えてきたのが「新宗教」だった。

この政治と新宗教の結びつきについては拙著『新宗教の現在地』（花伝社、二〇二一年）にもまとめてあるので、ここでは簡単に記しておく。

一九八七年、私が統一地方選に無所属で立候補して「見事落選」した後、フリーライターとして『主婦を魅する新宗教』をまとめるべく取材をするなかで、地域のある新宗教団体に出向いたところ、

「選挙が終わってから来たのは、あなただけですよ。他に立候補された皆さんは、選挙の前からいらっしゃいましたよ」

と言われて驚いた経験がある。さらには、

「ご家族で信者になって下さった方もいらっしゃいましたよ」

右翼団体と新宗教とのつながりは、一九八〇年前後に盛んに進んだ。

たとえば「日本会議」の誕生にも大きな力を発揮したといわれる「生長の家」。強固な反共思想の持ち主であった創始者の谷口雅春（一八九三～一九八五年）は、六〇年代の学生運動の際に「明治憲法の復元」や「紀元節の復活」を訴えて、「生長の家学生会全国総連合（生学連）」を結成。右派の学生をリードする形で、鈴木邦男（「一水会」名誉顧問）や伊藤哲夫（「日本会議」常任理事）、椛島有三（「日本会議」事務総長）

などを輩出した。

「生長の家」信者である村上正邦が「日本青年協議会」を結成したのが一九七〇年のこと。会員の大半は「生長の家」信者だった。

村上はその後、一九七四年に鎌倉円覚寺の貫主・朝比奈宗源が発起人となって設立した、宗教者と文化人の集まり、「日本を守る会」に入る。この「日本を守る会」は、一九七七年から元号法の制定運動を開始。わずか二年で法制化を勝ち取った。

「日本を守る会」と「日本青年協議会」が一体化して、「日本会議」が誕生したのが一九九七年五月三〇日のことである。[3] なお、「日本会議」が誕生する前日の二九日には、日本会議と連携するために、森喜朗氏の呼びかけで超党派の議員連盟「日本会議国会議員懇談会」が発足している。

3　ここまで、菅野完著『日本会議の研究』（二〇一六年、扶桑社）、俵義文著『日本会議の野望――極右組織が目論む「この国のかたち」』（二〇一八年、花伝社）、藤生明著『ドキュメント日本会議』（二〇一七年、筑摩書房）などを参照。

ＣＡＲＰの背後にも勝共連合がいるという。

こうしたつながりから、統一協会信者の若者たちは保守系議員の選挙を無償で支えているほか、議員秘書になったり、地方議員にも進出したりする者もいる。

私が住む横浜市でも、日本大通り公園の清掃を名目に、家庭連合のボランティアグループが活動するのを確認した。彼らを取材したことがあるが、「緑を守るボランティア」として、選挙の折には事実上の候補者支援を行っているとのことだった。

自民党と「旧統一協会」の結びつきには、二〇〇〇年頃からそれまで地域の婦人団体や青年団体、農協などを基盤としてきた自民党が、単に利権をバラまくだけでは集票が難しくなったという事情もある。四半世紀にわたって地方の県連の婦人部長として自民党の選挙を取り仕切ってきた私の義母が、「お金をバラまいても票が集まらなくなった」と愚痴るようになったのもその頃だ。時には公職選挙法違反で逮捕されるようにもなった。

この、自民党と「旧統一協会」の「選挙協力」をめぐる問題は深刻だ。

ボランティアとして選挙事務所に入った「旧統一協会」員たちが、支援者名簿などを布教の対象者として本部に報告していたのである。たとえば毎日放送が取材した映像では、福岡県久留米市にある「旧統一協会」の部長が二〇二一年一〇月に実施された衆議院選挙の結果を受けて、「トータルで教区としましては『６００７』という名簿を獲得することができました。これから、〝天寳《てんぽう》の勝利〟に向けて、そして〝伝道勝利〟に向けて、つながっていく名簿になっていくと思います」と発言している。[4]

なお、「旧統一協会」の政治団体である「国際勝共連合」は、その運動方針に「同性婚合法化、行き過ぎたＬＧＢＴ人権運動に歯止めをかけ、正しい結婚観・家族観を追求する」と掲げている。専門家は、「家庭は一夫一婦制により子供を産み育てる場所であるという『旧統一協会』の重要な教義と、特に自民党右派の『子育ては家庭で』『母親の役割が重要』という価値観が共鳴してきた」と指摘している。[5]

安倍元首相への銃撃事件をきっかけとして新宗教と政治の結びつき、また選挙運動をはじめとした、その影響の大きさは知られるようになってきた。しかし、新宗教に顕著

4　二〇二二年九月二九日、福岡ＲＫＢ（毎日放送）による配信「【旧統一教会・ナマ音声】「６０００人の名簿」を布教活動に？　自民候補の総選挙支援で獲得」

5　二〇二三年三月一八日付『中日新聞』「旧統一教会と政治　富山大非常勤講師　斉藤正美さんに聞く」。

な男尊女卑的なジェンダー観や教義がバックラッシュを下支えする形でこの国の「女性の自立」が阻害されてきたことは、まだまだ知られていないだろう。

ここまで、女性の自立を阻むものとして日本の法制度の欠陥、そこに蔓延る「男は外、女は内」といった強固な性別役割分業意識があることを指摘してきたが、政治と新宗教が固く結びついているのであれば、新宗教のジェンダー観が政治、ひいてはこの国に大きな影響を与えていないはずがない。ここからは、いくつかの新宗教を例に、その「教え」を見ていきたい。

生長の家

創始者の谷口雅春は、一九四〇年から月刊誌『生長の家』を発刊。新聞広告を使って信者を集めていった。

教義は、「人は神の子である」という「光明思想」。「生長の家」公式ホームページによると、「『生長の家』とは『大宇宙』の別名であり、大宇宙の本体者（唯一絶対の神）の応現または化現のこと」であるという。そして、正しい宗教の本尊はこの唯一絶対なる神を別名で呼んでいるものであるとして、「いかなる名称の神仏も同様に尊んで礼拝する」という。「生長の家」では本尊を現す像などは造らず、あらゆる宗教の本尊の奥にある「実相」（唯一の真理）を礼拝するため、「實相」と書いた書を掲げている、ともある。

生長の家の家族観はどのようなものか。

一九七二年、谷口雅春の教えをもとに書かれた『家庭教育のみちしるべ』（新教育者連盟）には、「夫唱婦和の原理」として、次のようなことが書かれている。

「夫と妻はどうしても平等になることはできないのです。夫はつきだしているし、女は凹んでいる。このちがいはどんなに時代がかわり、主義主張がかわろうと、金輪際かわるということはない。こういうところに宇宙を貫く真理が象徴されているのです。女性の性器は、中がカラッポで、ゼロであり、しかもそこが体中で一番やわらかいところであり、一切を受けいれるすがたをあらわしています。針と糸との関係のように、妻が夫にハイとつくとき、夫のものが高く力強く立つようになり、子供は優秀児に、家業は繁栄してくるようになるのであります」

「生長の家」は「病気治し」の宗教として信者を獲得してきた。「生長の家」による女性信者を対象とした月刊誌『白鳩』にも、「病気治し」の体験が多い。たとえばこんなものがあった（『白鳩』一九八七年五月号）。

「（子宮筋腫になった女性が）夫に対して無我になってハイを実行しよう、ハイ・ニコ・ポンをやろうと思ったのでした。何か言われると、ハイと返事をして、ニコニコして、ポンと立ち上がってやる…略…夫から何か言われると、気持ちよく『ハイ』と答えてポンと立ち上がる…略…そして、もちろん、子宮筋腫はいつの間にか消えてしまい、病院でも『異常なし』と診断され、いまはとても仲の良い和気藹々の楽しい毎日を送っておられます」

優生保護法と「生長の家」

近年では生殖（妊娠・避妊・中絶）に関する自己決定権を指す「リプロダクティブ・

ライツ」の実現にあたって、避妊法への制限（海外では使用できる避妊法が日本では承認されていない）、緊急避妊への制限（緊急避妊ピルは自腹で高額）、人工中絶に配偶者の同意がいることや正しい性教育の不徹底などが喫緊の課題となっている。

こうした女性の身体をめぐる自己決定に関しても、「生長の家」は積極的に関与してきた。

「生長の家」は、一九六〇年に「人命尊重・優生保護法改正」請願運動をおこして以来「優生保護法改正」を訴え続け、一九六四年には「生長の家政治連合」を組織しロビー活動を行い、一九八〇年の衆参ダブル選挙において、熱心な信者、村上正邦を国会へ送り込むことに成功している。

村上は、教団の二大目標である、「明治憲法復活」と「優生保護法改正」に向けて、「生長の家政治連合国会議員連盟」を発足させ、一九八二年三月の同総会には福田赳夫や中曽根康弘ら約二〇〇名の国会議員が参集した。同月、参議院予算委員会において村上は、優生保護法にある経済条項の削除を主張。当時の鈴木善幸首相は、村上の期待に沿った趣旨の答弁をし、森下元晴厚生大臣も中央優生保護審査会を開き、改定が前向きに検討された。後に公衆衛生審議会に優生保護部会が新設され、審議はそこに移されるが、同部会の二〇人の専門家のうち、女性は一人だけであった。[6]

「生長の家」は優生保護法改正運動にあたって、「胎児の生命尊重」を掲げた。これは、「胎児の視覚的イメージに基づいて、胎児は『赤ん坊』以外の何ものでもなく、母親とは独立した命をもっており、一般成人と同じ条件で保護されるべきだとする」ものであり、女性や母親を胎児への「殺人者」として、非難と告発の対象とした。

私が一九八八年に『主婦を魅する新宗教』で「生長の家」信者の五〇代主婦に取材した際にも、「生長の家」で中絶が禁止されていることから信者の家庭には子どもが多いという話を聞いた。私が大変ですね、と言うと、

「それが大変じゃないのですよ。みんな神様からいのちをもらって生かされているのですから」

「いま、中絶する人に罪の意識をもたない人が多いけれど、生命の尊さは大変なものですよ。家庭内暴力で子どもが母親にむかって暴力をふるうのは、必ず流産子がいるのです。霊魂のさけびが家庭内暴力になってあらわれるのです」

6 金子珠理「『優生保護法』改定阻止運動②」『現代宗教と女性（25）』二〇一九年九月号。

――でも、中絶を好んでする人はいないでしょう？

「女はいのちを生かし育てるのが役目だと『生長の家』では教えているのです」

彼女の娘は、中絶カンパを行うクラスメイトに対抗して、「中絶反対」を訴えるパネル展示をやったのだと誇らしげに教えてくれた。

なお、「生長の家」は新宗教「幸福の科学」にも影響を与えているといわれる。先日訃報のあった大川隆法氏の父親が、熱心な「生長の家」信者だったのだ。したがって、「幸福の科学」の教義も、「生長の家」の教えである「光明思想」を現代語訳している部分が多い。違う点は、幸福の科学の方は、「霊界思想」を取り入れて、大川が釈迦やキリストよりも霊界では上位に位置するとしていることだろうか。

「幸福の科学」においては教祖である大川隆法氏の言葉がすべて神の言葉とされるが、彼の著作『女性らしさの成功社会学』（二〇一四年、幸福の科学出版）においては、「あげまんとは、結局、母性のあるタイプの女性」、「女性の地位向上は大事だが、男性を落とすことは望ましくない」などの言葉が並んでいる。

「生長の家」に話を戻すと、現在の「生長の家」はエコロジー路線を掲げる穏やかな教団として知られる。日本において「最も積極的に環境問題に取り組んでいると目される宗教団体」とされることもあり、「エコロジーの実践を中心に据えた教団」と評価する研究者もいるほどだ。[7]

右翼団体である日本会議の設立に深く関わっていた「生長の家」に、何があったのか。生長の家が自民党と距離を置き始めたのは、初代谷口雅春が総長であった一九八三年頃からとされる。その理由には諸説あるが、先にあげた「堕胎や優生学への反対」を訴える大規模な運動を当時の自民党が結果的に握りつぶしたこと、あるいは谷口雅春初代総裁が経済成長優先の自民党政権の政策に見直しを求めていたことなどが挙げられる。

そもそも「生長の家」は、「反共」の立場から親自民の立場を取っていた。自民党との政策上の理念が徐々に解離したからか、谷口雅春は「生長の家」による「政治連合の活動停止」を決定した。一九九七年五月三〇日、ホテルニューオータニで開かれた、「日本を守る会」と「青年協議会」が合併しての日本会議結成集会の際にも、「生長の家」は参加していない。

7　島田裕巳「いつの間にか日本政治の中枢に浸透した「宗教右派」の源流」二〇一七年四月二八日配信「現代ビジネス」(https://gendai.media/articles/-/51581)

「生長の家」ホームページには、「親しくしている宗教団体」として、創価学会と対立しているといわれる「立正佼成会」が挙げられている。自公不支持の背景にはその関係もあるのだろうか。

実践倫理宏正会

二〇一六年、一般社団法人「実践倫理宏正会」創立七〇周年の記念式典が日本武道館で行われ、一万一〇〇〇人が参加。来賓として出席した国会議員は三四名、うち祝辞を述べたのは安倍晋三氏、森喜朗氏、大島理森氏、谷垣禎一氏の四人だった。

清水雅人らが著した『新宗教の世界I』（大蔵出版、一九七九年）の「新宗教系譜図」（清水雅人作成）を見ると、「御獄教」の系列に「PL教団」から分離、独立したとして「実践倫理宏正会」と「倫理研究所」の名が並列している。

「倫理研究所」の理事長は「日本会議」の代表委員に名前を連ねており、会の賛同者の大半を自由民主党系（保守系無所属含む）議員が占める。ただし選挙時には自民党の公認・推薦者を推薦する場合が多いが、政党にかかわらず基本的に人物本位（会に対する理解度・参加度）で選挙応援が行われ、民主党や国民新党（いずれも当時）、社会民主党など他党候補者への推薦も少なくない。

先述の著によれば、「大元霊」を信仰対象とするＰＬ教団の前身にあたる「ひとのみち」幹部であった丸山敏雄が一九四六年に設立したのが「倫理研究所」、「ひとのみち」教団時代の一教師だった上廣哲彦が一九五〇年に組織化したのが「実践倫理宏正会」である。

丸山は中学・師範学校で教諭をしながら「ひとのみち」教団で活躍（戦前には「ひとのみち」幹部として不敬罪で結社禁止、拘束されている）した。彼がなぜ社会教育団体として「倫理研究所」を設立したのか、青山一真著『丸山敏雄先生の生涯』（一九五六年、新世書房）にも書かれていない。

ただし、私が三五年ほど前に千代田区三崎町にある「倫理研究所」本部内図書室を訪ねた際には、丸山の蔵書二〇〇〇冊近くのうち半分が書道関係、残り半分が「皇国史観」や「教育勅語」関係のものであったことから、丸山の思想形成の筋道は垣間見える。丸山は一九五一年に亡くなるまでに『純粋倫理言論』、『無痛安産の書』、『美しき妻の生き方』など多数の書を残しているが、そうした著作からは、丸山が戦後の新憲法によって家制度がなくなり、「日の丸」や「君が代」が存続の危機にあることを憂いて「倫理研究所」を創設したことがうかがえる。

なお、「倫理研究所」自身は自らを宗教団体ではないと規定している。当時もらった「社会教育団体倫理研究所事業所案内」にも、「普及のスタイルや組織の点では、やや新興宗教に似ている点もありますが、それはあくまで形式上のことであって、内容的には〈御利益を受ける〉というような他力的なものはありません。宗教は神仏を信じることによって〈救われる〉ものですが、倫理は信じるのではなく、あくまで生活のすじみちの〈実践〉によって、自分の幸福を自分できりひらく、科学的な生活律の勉強なのです」とある。

また、現在団体が運営しているホームページにも、「当会は国籍、宗教、思想信条などの別を問うことは一切いたしません。本会の趣旨と活動にご賛同いただける方であれば、どなたでも自由にご参加いただけます」とある。[8]

丸山は「倫理研究所」の研究・教育・普及を行う土台であり拠点として、「朝の集い」

8 一般社団法人実践倫理宏正会ホームページ（https://www.jissenrinri.or.jp/faq.html）。

を提唱した。これが、本書の「はじめに」で触れた「朝起会」の土台になっていて、丸山は全国どこでも同じ形式と内容で「朝起会」が開かれるようにと、そのマニュアルと、倫理研究所の教典ともいえる『万人幸福の栞』を作成している。

『万人幸福の栞』では、一七か条の教えが説かれており、「五　夫婦は一対の反射鏡」、「六　子は親の心を実演する名優である」、「八　明朗は健康の父、愛和は幸福の母」などの教えが並び、そうした倫理を集約した最大の目標を「〈純情〉——すなおになる」ことだとしている。

いっぽう一九五〇年、「倫理研究所」の講師だった上廣哲彦が独立を宣言し、同じ社会教育団体として設立したのが「社団法人実践倫理宏正会」である。

上廣は丸山の提唱した「倫理」をより強く実践するために「新しい実践倫理」を展開するとした。当時の日本は、戦後の混乱期から朝鮮戦争による軍需景気によって高度経済成長期へと移り変わっていく時期だった。この時期、女性たちが「専業主婦」として家庭を支えることを期待されたことには既に触れたが、「実践倫理宏正会」も同時期にターゲットを女性にしぼって団体を拡大していった。

「倫理研究所」と「実践倫理宏正会」の違いとしては、「倫理研究所」が一九八〇年に

「倫理法人会」を立ち上げて中小企業六〇〇〇社（約三〇万人）へと「倫理実践」の手を広げているのに対して、「実践倫理宏正会」は都会の主婦をターゲットに個人会員を広げている点にある。

三本指の教え

私が一九八七年に無所属で首都圏郊外の自治体で市会議員に立候補、見事落選したことについてはすでに触れた。「マドンナ旋風」と呼ばれる女性議員が多数生まれた時代、私も女性政策を掲げて闘ったのだった。私の選挙運動を支えてくれた新興住宅街に住む主婦たちのなかには、「実践倫理宏正会」の「朝起会」に参加する者もいて、私は「新宗教」に出会うこととなる。

たとえばそのうちの一人は、高校生の子どもの登校拒否に悩み、「『倫理』を勉強すると解決する」と薦められて入会したと話した。「倫理」として彼女が教わったうちの一つが、「三本指の教え」だった。

これは、「親指（男性）が小指（女性）を押さえると、中の三本指がピンと立ち、逆に小指（女性）が親指（男性）を押さえようとすると、中の三本指が曲がってしまう」ことから、「母親が強いと子どもが非行化したり夫が浮気をしたりする」から「男性を立てよ」というものだった。

他の会員の主婦たちにも入会のきっかけを聞いてみた。

「子どもが小学校へ入学したとき、親の私も何か勉強したいと思っていたんですよ。そんな時、座談会に誘われて」

「座談会」とは、会員以外の人を交えて話し合い、体験発表などを通して会の教えをPRする場なのだという。個人宅で行われることが多い。

「名前だけでもと言われて嫌々行ったのですが、だんだんお役もついて抜けられなくなっちゃったんです」

「インテリアデザイナーとして仕事も家庭も頑張っていたところ子宮筋腫になって。倫理の勉強をすると治ると言われたものですから」

このインテリアデザイナーだった彼女に「三本指の教え」について聞いてみると、

「私も入会当初は抵抗がありました。だけどよく考えてみると、主人は私より年下で収入は私のほうが上。意識せずとも、やはり夫を軽んじていたと思います。思い切って仕事をやめて家事に専念して夫を立てるようにしたら、本当に子宮筋腫が治ってしまいました」

当時、私が参加した「実践倫理宏正会」の「朝起会」の様子は本書の「はじめに」でも紹介した通りだ。

「朝起会」では、朝四時からの「禊ぎ」と呼ばれる清掃活動（会場によっては駅のトイレを清掃することもある）を行い、会場の正面に「日の丸」を掲げる。向かって右側に「朝起きはお国を興す第一歩」、左側に「子供の善導は親の倫理実践から」という垂れ幕が下がっている。

五時頃、続々と集まった人々が会場の入口に正座し三つ指をついて挨拶、「朝の誓い」の唱和から会は始まる。

「今日一日、三つの恩を忘れず、よろこんで進んで働きます」
「今日一日、人の悪を言わず、おのれの善を語りません」
「今日一日、気づいたことは身軽にすぐにおこないます」
「今日一日、腹を立てず、不足の思いをいたしません」
「今日一日、三つの無駄（物の無駄、時の無駄、心の無駄）を排し、新しく大地に生き貫きます」

この五つの誓いが終わると、「御本読み」として、上廣哲彦や当時会長の上廣榮治の著作の読み上げが行われる。冒頭で紹介した「スピーチ」はその後だ。

これも教えなのか、スピーチのなかでは夫のことは必ず「主人」、姑のことは「お姑様」と呼ばれ、「会長先生の御心」、「主人を尊ぶ心」、「自分の愛和のいたらなさ」、「愛和実践」などの耳慣れない言葉が多く飛び出した。

夫婦関係や姑との関係では、「主人がどれほど妻である私に愛をかけてくださっているか（それに応えられていない自分を反省する）」、「お姑様のお言葉を素直に聞くことができない自分（倫理実践の浅さを反省する）」等のパターンが多かった。自分の言葉に感極まって泣き出す者もいた。

五時五〇分、会場の責任者が次のように「まとめ」を行った。

「皆さんのご主人は、妻である皆さんにどれほどの愛をかけていらっしゃることでしょう。そんな気持ちを受けて、ご主人との愛和を実践しましょう」

私が参加した「朝起会」の参加者は八七名、そのうち男性は四名だけであとはすべて女性だった。

参加者に話を聞いてみたが、寝たきりの老人を家に抱えているという主婦の方は、早朝の朝起会に参加することがストレス解消になっていると話した。

すべてを受け容れる「妻の役割」

本部に問い合わせたところ、現在の「会員数」は公表していないということだったが、先述の通り創立七〇周年の記念式典には大勢の人を集める力を有する「実践倫理宏正会」。現在の活動がどのようなものなのか知るべく、私は三〇年ぶりに「朝起会」に参加することにした。

まず、東京都千代田区にある実践倫理宏正会の本部を訪ねた。

八月の暑い日だった。

九段下の改札を出てすぐに、大きな菊の紋章を冠した正面扉が見えた。受付のインターフォンで、以前国会議員の紹介で訪れたと自己紹介をする（一九八〇年代の取材時のことだが、自民党の国会議員秘書の方と一緒に訪れたのだった）。

職員の方と思われる受付の男性は、私が自分の書籍を手渡すと「本を出していらっしゃる方なのですね」といたく感激してくださった。取り次いでくださった広報の方に女性政策について知るための資料はないかと聞くと、「特別なものはないのですが」と、月刊誌『倫風』と季刊誌『Ｌｏｖｅ＆Ｈａｒｍｏｎｙ』を渡してくださった。

コロナ禍だったが、「朝起会」は今もやっているという。帰宅後すぐに関東支部に電話をかけて、最寄りの会場を教えてもらった。

なお、いただいた『倫風』（二〇二二年四月号）を見てみると、やはり家族礼賛のオンパレードだった。

たとえば、「わたしの体験」として会員が「倫理を実践した体験」を綴る欄では、「主人に送る『ハイ』の返事と『笑顔』」という見出しで、福岡県の五〇歳の女性がこんな体験を綴っている。

転職後に人間関係に悩んでいたという彼女の「ご主人」。彼女も「私にできることはないだろうか？」と悩んでいたが、実践倫理宏正会の「妻の役割」を繰り返し学び直すうちに、「そうだ！　私にできることは主人の話を聴くことだ」と納得した。その後、夫はなんの相談もなく退職してしまったというが、その際も「妻の役割は夫を支え、すべてを受け容れ包み込むこと」という教えの通り「『ハイ』と受け止めることができた」

のだという。

別の体験談では、広島県の五〇代の女性が、長女のアトピーに悩んでいたところを「朝起会」に通うようになり、先輩の「会友さん」から「何より、ご主人中心の生活をしていくことです」とアドバイスをもらいコツコツ実践してきたと書かれている。アトピーは「関節が少し痒いくらいになるまで治」り、「親が倫理に沿った生活をしていくことの大切さを改めて実感」したとある。

私は「家族」を否定するつもりはない。いろいろな「家族」の形態があっていいと考えている。だが、「家族」は「社会」があってこそ存在するものだ。「家族」の中で、虐待や暴力を受ける子どもや女性がいる現実を考えると、家庭内での妻の役割として「すべてを受け容れること」を教えるような思想には抵抗を感じてしまう。

三〇年ぶりの「朝起会」

「朝起会」当日の朝。三〇年前の「朝起会」では女性が皆スカート姿だったのを思い出し、ワンピースを選ぶ。

開場の三〇分前になると、続々と参加者が集まり始めた。驚いたのは、参加者の年齢である。三〇年前に「朝起会」に参加した際、参加者の多くは三〇代～四〇代の子育て世代だったのが、現在はどう見ても六〇代～七〇代が中心層だった。

三〇年前にはほとんどいなかった男性の参加者も増え、会場の三分の一ほどを占めていた。また、以前は「正座」だったのが「椅子席」に変わっていた（私も正座だったらどうしようと思っていたので、助かったと思った）。

変わらないのは参加者の服装と、正面に掲げられた日の丸の旗だった。

朝五時、ベルが鳴って、これも変わらず「朝の誓い」の唱和が始まる。続いて、三分間のスピーチ。以前は夫婦関係や姑との関係に言及したものばかりだったが、この日は実践倫理関係の著書からのテーマを引用したのか、「山は海の恋人」を題目としたスピーチだった。

皆、「海の豊かさは山林のおかげである」といったことを話す。原稿を読む人もいれば、何も見ない人もいる。元教師だったという女性は、過去の授業体験から話をした。

会の終了後、代表の方に「突然お伺いして申し訳ありません」と挨拶をすると、「久しぶりに来られて驚いたでしょう。若い方はなかなかいらっしゃらなくて、今は六〇代から七〇代の方がほとんどです」

と話してくれた。男性の参加者については、夫婦での参加が増えているのだという。三〇年前からの参加者がそのまま高齢化したということなのだろうか。

三〇年前から「朝起会」に参加しているという、横浜市在住の七〇代後半の女性に話を聞くことができた。

穏やかで、知的な印象の女性である。

彼女は職場結婚をして、専業主婦になった。子育てがひと段落した後、「お勉強会に来ませんか」という誘いを受けて、「朝起会」に参加するようになったというが、夫は反対だった。

「だから、朝は三時に起きてお弁当や朝食の準備をしてから朝起会へ出かけました。夜も主人が帰宅するまで起きて待っていたので、睡眠時間が三時間ほどのこともありました」

彼女の「倫理実践」の日常は、「朝起会」への参加だけではない。「朝起会」から帰宅して夫と二人の子どもを送り出すと、実践倫理宏正会の月刊誌『倫風』を持って会員の勧誘に向かう。

暑い日も寒い日も、一軒ずつチャイムを鳴らして返答がなければ郵便ポストに入れてまわるのだという。会員費は二〇〇〇円。『倫風』は一冊二〇〇円で、毎月二〇冊が彼女の「分担」だ。「買ってくださる方はいますか」と聞くと、

「めったにいらっしゃいません。でも、こんな雑誌があるということをわかってもらうだけでいいのです」

彼女が通う「朝起会」は、地域の自治会館で行われる。「県会議員や市会議員の方もいらっしゃいますよ」と言う。

専業主婦になる前には四年制の理系大学を卒業して研究所に就職していたという彼女。再就職は考えなかったのかと聞くと、

「理系の研究は日進月歩ですから、子どもの手が離れたからといって再就職というのは難しいですね」

彼女は、「家族を大切にする」という教えを守ってのことか、夫の母が病弱だったことから、「体にいい」という朝鮮人参を「旧統一協会」の訪問販売で購入したこともあるそうだ。「それだけですか」と聞くと、

「一〇〇万円ほどの壺も買いました。今は押し入れのなかにありますが、主人には内

緒です」

と淡々と打ち明けた。

『倫風』二〇二二年三月号には、「令和四年『本部元朝式』来賓ご挨拶」として、二〇二一年の東京オリンピック・パラリンピック組織委員会会長時代に女性蔑視発言で退任した森喜朗（元内閣総理大臣）氏による「実践倫理こそたしかな〝未来の地図〟」と題した挨拶が掲載されている。森氏に続くのは、今回、「旧統一協会」関係者として報じられた、自民党の高市早苗氏、萩生田光一氏、後藤茂之氏、末松信介氏……。

こんな実態を知ると、「旧統一協会」との関係を疑ってしまうのは私だけだろうか。

創価学会

公明党が「創価学会」の政治団体であることを、もはや誰も否定しないだろう。

現在の名誉会長は、公明党を設立した池田大作氏。週刊誌などでは、前歴として千葉県で靴の外商をしていたと書かれることもある。機関紙は『聖教新聞』。ホームページによると、現在の信者世帯数は八二七万人。ただし、島田裕巳『新宗教と政治と金』（宝島社、二〇二二年）においては、大阪商業大学ＪＧＳＳ調査を基に二一七万人ほどではないかと言われている。「創価学会」も信者数の減少に頭を悩ませる新宗教の一つだということだ。

「創価学会」は、一九五二年に宗教法人の認証を得た「日蓮正宗」から生まれた。ホームページによると一九三〇年創立となっているが、これは教育者育成団体「創価教育学会」の設立年である。創価教育学会が、「創価学会」に名称を変更したのは一九四五年のことだった。

「創価学会」は、一九五一年に大規模な勧誘活動「折伏大行進《しゃくぶく》」を行うことで大量に信者を獲得し、大躍進を遂げている。

この「折伏」と呼ばれるやり方だが、長松日扇が開いた新宗教「本門佛立宗」でも「淅伏」が行われている。庶民の生活上での身近な悩みである「貧・病・争」を、「南無妙法蓮華経」をリズミカルに唱えることで解決するという方法である。「創価学会」が大躍進をした頃、「本門佛立宗」の方は信者が減少していっているが、関連は不明だ。

「創価学会」は、同じく日蓮系・法華系の新宗教である「立正佼成会」が「都会のおかみさん宗教」と呼ばれるのに対して、「大阪のホステス宗教」と呼ばれ、生活苦にある底辺層の女性をターゲットに布教を続け、信者を獲得していった。

創価学会が主婦の信者を増やしていったのと同時期、一九七七年に発行された、女性信者向けの書がある。この、一〇年間で四〇刷を超えたという『御書に学ぶ女性の生き方』（八矢弓子編、聖教新聞社発行）には、どのようなことが書かれているのか。

たとえば第三章「豊かな家庭づくり」の冒頭には、「夫を立て、夫を守れる妻に」とあり、

「確かに日本女性には、男性をたて、男性に従うという側面があるようです。しかし、それも、単なる盲従というのでは考えもの。夫をたて、従いながらも、夫が誤った人生行路を歩まないように助け、応援していくところに、女性の賢明な知恵の発揮があるのです。

家庭を守り、子供を育て、しかも全体の発展を見守っていく。そんな妻の温かい心づかいに、夫はどれほどの心の安らぎをおぼえ、勇気づけられるかわかりません。夫にリードさせながら、実質的にはリードしていく姿こそ、女性の特色を生かしきった妻の生き方ともいえます」

この項には、池田大作氏の『わたしの随想集』（読売新聞社、一九七〇年）からの抜粋として、「夫にとって妻は大地のようなものである。その盤石な安定感、汲んでも汲んでも尽きない豊かさ、それでいて微妙に変化する敏感さ、そこに男は心のやすらぎを求める。心身の疲れをいやし、明日への活力を養う」が引かれている。

この『わたくしの随想集』には次のようにもある。

「夫と妻は互いに向き合った相対的な関係であってはならない。共に新しい人生の目標に向かって進む共同の主体者であり、建設者であるはずだ。とくに妻は一家の太陽であり女王でもある。あなたの家庭が幸福であるのも、不幸であるのも、それはけっして夫のせいでもなければ、周囲のせいでもないであろう。あなた自身の努力と聡明とを、そのまま鏡にうつし出した映像なのである」

ここまで「夫に付き従え」としてしまうと、新宗教に魅了された妻を夫が引き留めるような場合にはどうなるのか。『御書に学ぶ女性の生き方』には、「信心を反対されたさいの妻の心がまえ」が載っている。

「とかく女性は、夫から信心を反対されると、そのために信心をないがしろにしがちです。それによって、いったん反対の波は弱まるかもしれませんが、根本的な解決とはなりません。夫の幸せは、一家の幸せへ通じていきます。その夫の幸せを願い自らの宿命打開への努力がないかぎり、真実の和楽はありえないからです。むしろ、反対されたことを契機としてさらに、自己の宿命打開、家庭革命への発心のチャンスにしたいものです」

なお、同書第四章の「賢明な母親像」は次のように締めくくられる。

「女性が女性として最高の力を出すとき、女性の本領が発揮されるときとは、母となった人が、新しい生命を全魂をかたむけて慈しみ、はぐくむ時であると思う。また、女性としての本当の美しさを全身にたたえるのも、母となった時ではないだろうか」

当時の取材から三〇年以上が経過した現在、「創価学会」はどのような「女性の生き方」を奨励しているのだろうか。

二〇二二年一月二六日、第四七回「SGI（創価学会インタナショナル）の日」に寄せて、池田大作氏が「人類史の転換へ　平和と尊厳の大光」と題する記念提言を発表している。そこには「ジェンダー平等の推進が急務」として、UNウィメン（国連女性機関）などが主催し、二回にわたって行われた「平等を目指す全ての世代フォーラム」での議論に触れる形で次のような文章が掲載されている。

「新型コロナに対応するために、医療機関ではそれまで経験したことのなかった負担や苦労が重なっていますが、医療の最前線で働く人々の7割は女性が占めています。

一方で、家族や身近な人の世話や看病をするため、積み重ねてきたキャリアの中断や、休職をせざるを得なかった女性も少なくありません。加えて、景気後退で失われた雇用は女性の場合が多く、最も打撃を受けたのは、幼い子どもを育てながら仕事をしてきた女性たちだったと指摘されています」

「家族の世話や介護などのケアの仕事を、主に女性が無償で担ってきた実態が多くの国でみられる中、新型コロナがその負担をさらに重くしたことが懸念されています。

そこで、負担を社会で分担できるようにするために、国民所得の3％から10％を投資して、ケアの仕事を有給で支えてきた人々の待遇改善を後押しする一方で、ケアに関連する雇用機会を新たに生み出すための環境を整えることが推奨されたのです」

さらに、

「コロナ危機を乗り越え、人間の尊厳を支える経済と社会を築く源泉となるものこそ、『ジェンダー平等』と『女性のエンパワーメント』ではないでしょうか」

ともある。七〇年代の著書からはかなり思想がアップデートしているように感じられるが、「創価学会」と密接な関係にある公明党はどうだろうか。

「創価学会」が政治団体公明党を誕生させたのは一九六四年。自民党と連立を組んだのは一九九九年。その後、民主党政権時代の三年三か月を除いて今日まで続いている。

この自民党との協力関係の背後には、小選挙区制導入の結果、地方選挙に弱くなり始めた自民党が、全国に信者を持つ創価学会の票を必要としたことがある。

公明党の票は、二〇一三年の特定秘密保護法や二〇一四年の集団的自衛権の行使容認、二〇一五年の安全保障関連法、二〇一八年の「共謀罪」法など、自民党による数々の法制度成立に大きな力を発揮してきた。

いっぽう、たとえば夫婦別姓については、二〇二一年、公明党の北側一雄中央幹事会会長（当時）が、最高裁が夫婦別姓を認めない民法と戸籍法の規定を「合憲」と判断したことについて「選択的夫婦別姓を導入すべしというのが、わが党の立場で、日本の制度として導入できるようにしなければならない。自民党にも働き掛けたい」と強調。その後も一貫して推進の立場をとっている。

ただ、自民党と連立で与党を形成している限りは、自民党の支持する家族観の存続に力を貸していることに変わりはない。

世界平和統一家庭連合

「旧統一協会」である。

一九六〇年代に韓国から日本に上陸。「原理運動」と称して、反共活動を伴う宗教活動を展開した。主に学生であった信者たちが、学業をおろそかにしたり、親との関係を一方的に切ろうとしたことなどから、七〇年代には「親泣かせの原理運動」という言葉も生まれた。八〇年代には高額な宗教グッズを売りつける「霊感商法」が社会問題化、九〇年代にかけては、年間一〇〇億円を超える被害相談が寄せられた年もあった。

マスコミで取り上げられなくなったのは、二〇一五年、統一協会の名称が「世界平和統一家庭連合」（通称、家庭連合）に変わったことも影響しているだろう。しかし、その反社会的な霊感商法被害は続き、安倍元首相への銃撃事件でその活動の実態があらためて世間に暴露されるようになった。

島田裕巳『新宗教と政治と金』（宝島社、二〇二二年）では、大阪商業大学ＪＧＳＳ調査を基に、現在の「旧統一協会」の信者数を「一・二万人」と推定している。これは、教団の申告の「六〇万人」（二〇一五年時点）よりかなり少ない数になっており、「旧統一協会」も信者の減少や高齢化が課題になっているとみえる。

「旧統一協会」も、私が三〇年前に実践倫理宏正会の「朝起会」に参加した頃と同時期に主婦を主なターゲットとして、高額の印鑑や壺などを売りつける霊感商法によって広まった。

霊感商法は「因縁トーク」から始まる。

因縁トークではまず、「家系図づくり」に話を持っていく。これは、四代前の祖先に話を持っていくためだ。多くの人は、三代前の祖父母については知っているが、その前の四代前がどのような人生を送ったのかを知らない。これを利用して、たとえば四代前の祖先が戦死したらしいということになれば、「戦死したあなたの祖先は、海の底で今も苦しんでいる。だから、成仏してもらうためにお布施が必要です」と言って、多額の献金を要求するのだ。

このやり方は、私が二〇二〇年に横浜市の公立施設、「男女共同参画センター横浜」で開かれた世界平和統一家庭連合主催の「ハッピーFamily講演会」に〝潜入〟した際にも変わっていなかった（ここでは先祖を大事にすることによって「ハッピー」な

「家族（Ｆａｍｉｌｙ）」関係がもたらされるとして、家系図をもとにした因縁トークが展開された。詳しくは拙著『新宗教の現在地』を参照のこと）。

八〇年代後半に取材をした際、北九州市の消費生活相談員の方は、

「被害者になる女性はそれなりにお金をもっている人が多くて、家庭を大切にし、主人や子どもが希望や悩みになる主婦。たとえば少しでも子どもの身体に弱いところがあると、それがすぐ悩みの種になってしまう人ね」

と話してくれた。

当時から被害者対策にあたっていた東澤靖・山口広両弁護士は、『告発霊感商法・統一協会』（一九八七年、水曜社）において、

「現代日本の物質的豊かさの裏に、精神的貧困や家庭の崩壊が指摘されている。こうした矛盾を敏感に受けとめる若者（とくに女性）や高齢者、夫を精神的に信頼しきれず、かといって自立できない主婦層に、霊感商法／統一教会の手はじつに巧妙に浸透しようとしている」と分析している。

当時、専業主婦の割合が全国一と言われていた神奈川県横浜市の霊感商法による被害者のうち、主婦は九〇％（うち無職が二〇％）にのぼっている（消費生活課、県内八か

所の消費生活相談窓口における苦情相談件数、一九八七年度統計）。

「旧統一協会」の家族観といってまず連想されるのは「合同結婚式」だろう。合同結婚式の存在は、女優の桜田淳子、元新体操の女王といわれた山崎浩子、女子バドミントン元世界チャンピオンの徳田敦子の三名が、合同結婚式で結婚するとして大々的に報じられた一九九二年夏、多くの人の知るところとなった。

合同結婚式の「意義」について、一九九二年八月二四日にソウルで開催された「婚約式・聖酒式」で文鮮明が語ったとされる内容の要旨、「文鮮明先生のみ言葉」（一九九二年一一月一日付の統一協会の機関紙『中和新聞』より）を元にわかりやすくまとめてみたいと思う。

①アダムとエバは、婚約時代に善悪を知る木の実を食べることで堕落し、神によってエデンの園から追い出された。
②二人は神とは関係のないところで、サタンを中心とした結婚生活を始め、子どもを産んだ。
③よって、このサタンを中心とした偽りの父母の血統を受けついでいるのが我々である。

④神の元に帰るには、新婦の立場ですべてを清算し、新しい愛と生命の種を相続しなければならない。
⑤不浄な血を洗い流すためには、聖霊を受けた人（=文鮮明）の新しい血を、性交によって受け入れなければならない。
⑥そのために必要な実体が、再臨の主=救世主（=文鮮明）であり、真の父母である。

最初の人間であるアダムとエバは、蛇に誘惑されて禁じられた実を食べたことで楽園から追放された、というのがよく知られるキリスト教の教義だが、統一協会はここに、「エバと蛇の間に性行為があった」という解釈を加えている。そして、全人類は汚れた血を持ったエバの子孫なので、その血も汚れており、メシアである文鮮明との性行為によって血を清められた女性と、その女性との性行為によって血を清められた男性だけが救われるというわけである。

このように、女性を「汚れた存在」とする思想は、「旧統一協会」だけのものではない。たとえば仏教には「変成男子」という考え方がある。これは、女性は、女性のままでは仏や菩薩になることは難しいため、一度「男性に成ってから」でなければ成仏できないとする法華経の教えである。

あるいはキリスト教においても、「女子は、男子のあばら骨からできた」という旧約聖書の教えから、「女子」は「男子」の下位にあるという教義があり、これはものみの塔など、キリスト教から派生した新宗教でも信仰される教えになっている。

そして、「旧統一協会」の家族観として重要なのは、現在「世界平和統一家庭連合」と名乗っていることからも明らかなように、何よりも「家庭」を重んじていることにある。ホームページには「家庭連合の結婚と家庭」として、次のような文章がある。

「結婚は、それぞれ違う要素をもって生まれた男性と女性が出合い、一つになって、愛を育むことで、お互いの愛を成長させ、完成させるために行うものと考えます。

それゆえに家庭連合では、人生において結婚をとても重要なものだと位置づけています」

「『人は結婚を通して夫婦となり、家庭を築くことを通して、初めて人生の目的を達成し、幸せになることができる』というのが、家庭連合の結婚観であり、家庭観なのです」

「旧統一協会」と現代のバックラッシュ

こうした家族観は政治にも影響を与えている。

たとえば自民党は二〇一二年四月に公表した「自民党改憲草案」において、日本国憲法二四条に「家族は、社会の自然かつ基礎的な単位として、尊重される。家族は、互いに助け合わなければならない」という一項を付け足している。

また安倍元首相は、「THINK TANK 2022希望の前進大会」に次のようなメッセージを寄せた。

「UPF[9]の平和ビジョンにおいて、家庭の価値を強調する点を高く評価いたします。世界人権宣言にあるように、家庭は社会の自然かつ基礎的集団単位としての普遍的価値を持っているのです。偏った価値観を社会革命運動として展開する動きに警戒しましょ

9　天宙平和連合（Universal Peace Federation; UPF）のこと。世界平和統一家庭連合（旧統一教会）の関連NGO（非政府組織）。

う」

こうしたビジョンにもとづき、「旧統一協会」は、近年では同性婚反対への運動を展開している。たとえば二〇一九年二月一七日付の「旧統一協会」系の新聞『世界日報』社説には、「結婚制度とは主に、子供を生み、育てるための仕組みである。従って、自然には出産が想定されない同性カップルを制度の対象外とするのは当然である」とある。

二〇二二年七月には、富山チューリップテレビが、「富山市議が『旧統一協会』系幹部の勉強会を議会棟で複数回開催〝同性婚反対〟教義に近い内容も」と題して、「旧統一協会」の幹部が富山市議会の自民党会派で繰り返し同性婚や性的マイノリティに反対する講演を行っていたことを報じた。[10]

『世界日報』は、東京都渋谷区と世田谷区にパートナーシップ制度が導入された際にも社説において批判を展開しており、二〇一五年四月三日付の記事には、「婚姻の本質的な目的は、生まれてくる子供の身分の安定、福祉である。それを自覚していれば、同性カップルを夫婦同等とする条例を成立させることはなかったはずである」とある。

10 「追跡！ 旧統一協会と富山政界」(https://newsdig.tbs.co.jp/articles/tut/104931?display=1)

また、二〇二二年九月六日付『朝日新聞』が、「『旧統一協会』と自民、重なる主張　自衛隊明記・選択的夫婦別姓」として、選択的夫婦別姓をめぐって衆議院選に向けた議論が活発化していた二〇二一年六月、勝共連合が『やっぱり危ない！　選択的夫婦別姓』と題したリーフレットを作成していたことを報じている。世界平和連合が『思想新聞』号外として公開している同リーフレットには、次のようにある。

「民法（七五二条）が課している夫婦同居が、夫婦の一体感を〝身体的〟に感じさせるものであるとすれば、夫婦同姓は〝精神的に〟一体感を感じさせる作用を持っています。夫婦同居と同姓こそ、夫婦仲を緊密にする〝日本の絆〟です」

このように現在のバックラッシュ運動においても存在感を示す「旧統一協会」だが、その始まりは二〇〇四年に宮崎県都城市で「性別や性的指向にかかわらず、すべての人の人権が尊重され」という文言が書かれた男女共同参画条例案が出されたことを受けた時のことだった。『世界日報』には条例に反対する記事が多数掲載され、統一教会系の団体は反対を謳うビラ配りをした。この章の冒頭で触れた右翼団体によるバックラッシュと軌を一にしていることがわかる。

山口智美氏は、「旧統一協会」関係の団体が同性愛や両性愛、結婚平等に反対する理由について、「教団が重視する『一夫一婦制』を壊すものと捉えているからだ」と指摘する。[11]

現在、「夫婦同氏制」を強制する国は、ついに日本だけとなってしまった。日本と同じく夫婦同氏制を採用していたドイツは一九九三年に民法の改正を行い、選択的夫婦別姓を導入している。また近年では、二〇〇五年にタイ、二〇一三年にはオーストリアとスイスが選択的夫婦別姓を導入した。

一九九〇年に『結婚が変わる』を上梓した際には、希望を持って通称裁判や続柄差別裁判について取り上げたが、あれから三〇年以上がたった今、状況は変わっていない。

11　二〇二二年九月一日公開『ハフポスト』「旧統一教会も「結婚は子を生み育てるもの」と主張。自民党のＬＧＢＴＱ政策への影響は？　専門家に聞いた」(https://www.huffingtonpost.jp/entry/unification-church-lgbtq-policies_jp_62e0e040e4b0a6852c3de07b)

八〇年代の「主婦」たち

戦後の高度経済成長時代は、人々が「貧・病・争」の解消を謳う新宗教にすがる気持ちを減少させた。だが、当時の経済成長を支えたのは「夫は企業（会社）、妻は家事・育児」という性別役割分業の一般化であり、一九八〇年代になると、そうした「主婦」たちを取り込む形で、新宗教が再び増加を始めた（私が『主婦を魅する新宗教』を著したのもこの時期である）。この本で取り上げた新宗教も、その多くがこの時期に主婦をターゲットとして成長している。

なぜ主婦たちが新宗教の担い手となったのか。

当時、女性たちをめぐる生き方の選択肢は一気に多様化しつつあった。一九三九年には女性の生涯における出産人数が平均四人だったのが、八〇年代後半には一・六人に。四割の女性が雇用されて働くようになった。

博報堂生活総合研究所編『時流は女流――まだまだ変わる日本のおんな』（日本経済新聞社、一九八七年）は、八〇年代の主婦を四タイプにわけて分析している。

A　家族型（マイホームミセス）夫、子どもが第一、良妻賢母。
B　家事型（マイハウスミセス）主婦が第一、プロ主婦。
C　交際型（マイフレンドミセス）友人付き合いが第一、おでかけ、カルチャー、スポーツ。
D　自立型（マイセルフミセス）自己実現が第一、仕事、勉強。

この分析によれば、一九八二年には「家事型」（二九％）と「交際型」（三一％）にほとんど二分されている。家内志向の女性であっても夫や子どもに尽くすよりはあくまで家事労働だけを全うするタイプが多く、家外志向の女性についても仕事による自己実現よりもレジャーや娯楽優先の姿がうかがえる。

これがたったの四年でまったく別の形に移行する。

一九八六年には、「家族型」（三四％）と「自立型」（三八％）が最も多くなった。夫や子どもを第一とする「良妻賢母」型の女性と、「自己実現」を第一とする自律型の女性がともに三分の一以上を占め、数年の間で女性たちの意識が家の内外で大きく変わったことがわかる。

同じ八〇年代の後半、一九八七年三月にNHKが行った「結婚観」についての調査では、五〇代以上では「幸福は結婚にあるから結婚したほうがいい」と答えた人が一番多かったのに対して、男性の二〇代と女性の三〇代は「一人立ちできれば結婚しなくてもよい」と答えた人が一番多かった。「離婚観」については、「結婚してうまくいかない時はやむを得ない」と答えた人は特に都市部に多く、六一%。「夫婦別姓」について「認めるほうがよい」との答えが一〇人に一人の一三%、「男の子も女の子も自分で料理や掃除くらいはできるようにしたほうがよい」と答えた人は八七%にものぼった。

特に注目したいのは、高度経済成長期の六〇年代に都会へ流出し、核家族を形成した層と、そこで誕生した専業主婦たちだ。八〇年代頃から時代の潮流が変わり始め、そうした主婦たちのなかにもパート労働に出る者が出始めた。都会のサラリーマン中流家庭であれば、子どもをせめて大学までは通わせたいとして家計に教育費の占める割合が大きくなった時期でもあった。

私が、当時専業主婦が日本一多いといわれた神奈川で「主婦」を取材してまわったのはこの時期だった。当時の「主婦」の生き方は、大きく三つに分類できるように見えた。

第一が、専業主婦。彼女たちのうち、パートで働くより地域で無償の社会活動をしたほうが世のため、人のためになると考えた者は、消費者運動やボランティア活動に参入した。八七年の統一地方選におけるネットワーク運動選挙を支えたのもこの層である。

第二がパート主婦。彼女たちは「家族・血縁」が第一で、仕事は二の次。フルタイムで働いていても心のおきどころは家庭にあり、社会人になった子どもを起こして身の回りの世話を焼いていたりする。この層は、「私が働くことで家族に迷惑をかけないように」と感じている者が多い。

そして第三が働く女性。夫や子どもも家事の分担者として扱い、家事は家族全員で協力してやるものだと認識し、実践する。当時は地域で「家事代行」のパートをする主婦も多かったが、この層は「家事労働」を金銭で買うことに抵抗がない。

このように、八〇年代後半、女性たちのライフスタイルはまったく異なってきていた。七〇年代のはじめにはブルジョアジーの妻もプロレタリアの妻も、また働く女性も働かない女性も「抑圧されている」といった点で連帯を組むことができたのが、「言葉さえ通じなくなって」きたのである。

「不安」につけこむ新宗教

第一と第二に分類した「主婦」たちのなかからは、「働きたいけど年齢制限で……」と言う四〇代~五〇代の呟きも聞こえてきた。そんな当時、住宅街には小さなスナックが増え始めた。主な客層はこうした主婦たち。「カラオケ・ジプシー」と呼ばれる彼女たちは、子が塾、夫が会社で不在にしている時間、そこに入り浸る。

ついに少数者となった「専業主婦」にとっては、「どう生きればいいのか」わからない時代が到来していた。女性の社会進出をめぐるニュースは日々目にするものの、それは遠く分断された「女性」の話である。

いっぽう、将来への不安は募る。人生八〇年時代と言われた当時、女性は六五歳頃には配偶者を失い、七〇代で六割以上、八〇代には八割がひとりになってしまうと言われた。

一九八七年九月一五日(敬老の日)、総務庁老人対策室が「老後の生活と介護に関する調査」を発表している。そこでは、「自分の親が寝たきりになった場合に誰が介護をするか」という問いに対して、女性の四一・四％が「夫の親の介護をする」と答えている（男性で「自分の親の介護をする」と答えたのは五・八％）。

同じく、「二〇年後のあなたの生活はどうなっているか」という問いに対して、五〇代の夫婦の場合、八一・八％の夫が「平穏だ」と答えたのに対し、五五・六％の妻が「どちらとも言えない」と不安を表明している。

こうした「不安」に応えたのが新宗教である。

老後の貧しさや介護への不安、嫁姑の確執、「主婦」として生きることへの不安は、「親にも夫にも服従せよ」という教えが〝導いて〟くれる。子どものための時間が宗教のための時間に変わるが、夫としても許容範囲内であればむしろ都合が良く、家庭には疑似的平和がもたらされる。夫が退職して子が巣立ち、妻役割・母役割から解放されても「神様が私のなかに降りてきて」くれるので、「空巣症候群」[12]に陥ることはない。

同じ専業主婦でも、無償の社会活動へと繰り出していった女性たちはどうだろうか。

12　子どもが自立して子供の巣立ちの機会に保護者や両親が自分自身の役割が喪失したという思いに駆られて、空虚感や喪失感が強まる状態。

実は新宗教の取材現場において、消費者運動に関わっているという女性に出会う機会は本当に多かった。「世界救世教」のように、教えのなかに「自然農法」が入っている新宗教もある。また、そうした新宗教は専業主婦でなければできないような活動形態を持ったものが多く、自らの存在価値も確認できるものと思われた。

新宗教にはまった主婦たちのなかには、「入信するまでは、夜がこわかった」、「一人でいると沈んでいくようで寂しかった」と言う者もいた。夫は仕事で夜遅く、成人した子どもは家を出るか、やはり遅い帰宅。友人と毎晩カラオケに行くわけにもいかない。「誰も私のことを思ってくれる人はいない」。だけど入信したら、「同じような信者さんの仲間がいる」。

入信の契機は「寂しさ」だけではない。ここまでに示したように「家」と女性を結びつける法整備が進んだ同時期、主婦として生きることでしか経済的安定を得られなかった女性たちは、ますます逃げ場のない「家」に閉じ込められることになった。

龍谷大学准教授の猪瀬優理は、「宗教集団における「ジェンダー」の再生産」（二〇〇〇年）において、創価学会への入信理由の男女差を比較し、経済的問題や身体的問題（病気）による入信は男女とも同程度であるが、家庭的問題を契機とする入信は女性の方が圧倒的に多いことを指摘している。

安倍元首相銃撃事件の山上容疑者の母親が「旧統一協会」にはまっていったのも一九八四年頃だったと報じられている。

山上容疑者の母親は一九七九年、父親の会社を継ぐことを前提に夫と結婚するも、夫は一九八四年に自殺。病気がちな父の経営する会社は彼女が中心になって支えることとなった。障がいを負っている長男、山上容疑者、幼い長女を抱えて、トンネル掘削を専門とする男性中心の会社を引っ張らねばならない。「旧統一協会」が彼女に近づいたのはそういうタイミングだった。[13]

この国が女性たちに押し付けた「主婦」役割は、「自立」と「良妻賢母」の狭間で生きる女性たちを生み出し、新宗教はそこにつけこんだ。何人もの主婦が、「子育て後になにかしたいと思ったので」と入信の動機を語った。子育て後、約三〇年の厳しい人生を生き続けねばならない女性たちにとって、同じ教えを信じる仲間同士の活動は新しい共同体の形であったのかもしれない。

13　郷路征記『統一協会の何が問題か——人を隷属させる伝道手法の実態』花伝社、二〇二二年。

おわりに

私はこれまで、約四〇年にわたって「女性の自立」と「主婦を魅する新宗教」を追い続けてきた。本書ではその根底を結びつけるものを整理してきたつもりだ。

一九八五年に「女子差別撤廃条例」を日本が締結して以降、この国のジェンダー平等はたしかに変わろうとしていたし、私自身、そうした風潮を感じていた。しかしそうした流れは、「男女雇用機会均等法」や「男女共同参画社会基本法」を巧みに骨抜きにする法整備と、政治と新宗教が結びついた「バックラッシュ」によってかき消されてしまう。

社会の変化は女性たちを分断し、「良妻賢母」と「自立」の狭間で不安に陥る「主婦」たちを生み出した。そして彼女たちが「新宗教」の担い手となっていく。

本書では割愛したが、九〇年代の社会不安も若者をターゲットとしたオウム真理教などの新宗教とその担い手を量産した。高度資本主義の波頭に押し上げられた人々の飢餓感情、目標喪失感などに応える形での台頭だった（新宗教による「マインドコントロール」の手法についてもここで知られることとなる。『新宗教の現在地』に詳しい）。二〇二三年現在では「旧統一協会」の山上容疑者に代表される「宗教二世」が問題化されるようになった。「主婦」をターゲットとして拡大した新宗教が、主婦だけにとどまらず二世と呼ばれる子どもたちの「生きづらさ」をも生み出していることを忘れたくない。

新宗教は、先行きの見えない時代に多く生まれる。新宗教の元祖と言われる「本門佛立宗」も、江戸の末期、「時代の混乱期」に誕生した。あるいは第一次世界大戦後、世界大不況からアジア太平洋戦争までの、社会の規律が大きく変化した時代にも多くの新宗教が生まれた。たとえば、一九三五年に立教した「世界救世教」（教祖、岡田茂吉）は、「光」と書かれた半紙（最初は扇だった）の〝お守り〟を身に着けていると、「戦争に行っても弾に当たらない」、「空襲を受けても家が燃えない」といった教えを説いて、巨万の布施（富）を集めた。

新宗教は、庶民による「苦しい時の神頼み」を幅広く受け止めることで拡大してきた。八〇年代に新宗教にはまった「主婦」たちの苦しみを紐解くと、この国の女性政策の失敗と、それを利用し政治と結びついてきた「新宗教」の姿が見えてくる。この国の政治が「票」と引き換えに「女性の自立」を売り渡してきたようなことがあれば、由々しきことではないだろうか。

私が「女性の自立」について深く思うようになったのは、亡き母と、父の愛人たちとの出会いがきっかけであった。経済的にも精神的にも「自立」するためには社会の在り方が重要なのだと彼女たちに学んだ。

戦前、「家長」に子どもを取り上げられ、「お妾さん」の存在を知りながらも離婚することのできなかった母は、娘の私に「自立」を切望した。まもなく戦後八〇年を迎えようというこの国の女性たちは、果たして「自立」がかなう社会を生きているだろうか。

この本ができるまで、多くの方のお力添えをいただいた。「高齢女性の貧困」を取材するにあたっては、友人の新井通子さん、清水雅子さん、「公務非正規女性全国ネットワーク（はむねっと）」の渡辺百合子さんたちにご協力いただいた。また、取材や資料集めに際しては近藤昌夫さんにお世話になった。

何より、本書に推薦の言葉を寄せていただいた法政大学前総長の田中優子さん、彼女をご紹介いただいた高橋敏男さんに御礼を言いたい。
最後に、本書が出版できたのは、花伝社の平田勝社長、編集者の大澤茉実さんのお力があってこそと、御礼を申し上げる。

二〇二三年三月

いのうえせつこ

参考図書

いのうえせつこ『結婚が変わる』一九九〇年、谷沢書房
野田正彰『日本カネ意識：欲求と情報を管理するクレジット社会』一九八四年、情報センター出版局
神奈川県『いちょう計画　10年のあゆみ』一九九九年、神奈川県労働部能力開発課
設立20周年記念事業委員会編『20年のあゆみ：設立20周年記念誌』二〇〇二年
竹信三恵子・戒能民江・瀬山紀子『官製ワーキングプアの女性たち：あなたを支える人たちのリアル』二〇二〇年、岩波書店
カトリーン・マルサル『アダム・スミスの夕食を作ったのは誰か？：これからの経済と女性の話』二〇二一年、高橋璃子訳、河出書房新社
竹信三恵子『家事労働ハラスメント：生きづらさの根にあるもの』二〇一三年、岩波書店
新聞労連ジェンダー表現ガイドブック編集チーム『失敗しないためのジェンダー表現ガイドブック』二〇二二年、小学館
25周年実行委員会編著「神奈川県ホームヘルプ協会25周年記念誌」二〇一〇年、特定非営利法人神奈川県ホームヘルプ協会
神奈川県ホームヘルプ協会・栗木黛子編著『市民ヘルパーの泣き笑い：高齢者が在宅で暮らし続けるために』一九九七年、近代出版

『現代の眼（昭和58年5月号）』一九八三年、現代評論社
いのうえせつこ『高齢者虐待』一九九九年、新評論
黒川祥子『シングルマザー、その後』二〇二一年、集英社
池上彰・保阪正康『歴史の予兆を読む』二〇二二年、朝日新聞出版
いのうえせつこ『新興宗教ブームと女性　増補版』一九九五年、新評論
いのうえせつこ『新宗教の現在地』二〇二一年、花伝社
前田健太郎『女性のいない民主主義』二〇一九年、岩波書店
前田健太郎『市民を雇わない国家：日本が公務員の少ない国へと至った道』二〇一四年、東京大学出版会
安藤優子『自民党の女性認識：「イエ中心主義」の政治指向』二〇二二年、明石書店
いのうえせつこ『主婦を魅する新宗教』一九八八年、谷沢書房
アジア・パシフィック・イニシアティブ『検証安倍政権：保守とリアリズムの政治』二〇二二年、文藝春秋
『ライブラリー・リソース・ガイド（LRG）（2022年夏号）』アカデミック・リソース・ガイド株式会社
小川さゆり『小川さゆり、宗教2世』二〇二三年、小学館

いのうえせつこ
1939年岐阜県大垣市生まれ、フリーライター。横浜市在住。県立大垣北高校・京都府立大学卒。子ども、女性、平和などの市民運動を経て女性の視点で取材・執筆・講演活動を行う。一般社団法人日本コンテンツ審査センター諮問委員。一般社団法人AV人権倫理機構監事。NPO法人精舎こどもファンド代表。NPO法人あんしんネット代表。著書として、『チヨさんの「身売り」：歴史に隠された女性たちの物語』、『新宗教の現在地：信仰と政治権力の接近』、『ウサギと化学兵器：日本の毒ガス兵器開発と戦後』(以上花伝社)、『子ども虐待：悲劇の連鎖を断つために』、『女性への暴力：妻や恋人への暴力は犯罪』、『高齢者虐待』、『多発する少女買春：子どもを買う男たち』、『買春する男たち』、『新興宗教ブームと女性』(以上新評論)、『主婦を魅する新宗教』、『結婚が変わる』(以上谷沢書房) など。

女性の自立をはばむもの——「主婦」という生き方と新宗教の家族観

2023年5月5日　初版第1刷発行
2023年10月5日　初版第2刷発行

著者 ——いのうえせつこ
発行者 —平田　勝
発行 ——花伝社
発売 ——共栄書房
〒101-0065　東京都千代田区西神田2-5-11出版輸送ビル2F
電話　03-3263-3813
FAX　03-3239-8272
E-mail　info@kadensha.net
URL　https://www.kadensha.net
振替 ——00140-6-59661
装幀 ——黒瀬章夫（ナカグログラフ）
印刷・製本—中央精版印刷株式会社

ISBN978-4-7634-2062-6 C0036